KB211704

휴일

KOFA 영화비평총서 는 한국영화사의 대표작 한 편을
아카이브와 역사라는 관점하에
비평적 해석으로 펼쳐 보는 시리즈이다.
영화비평가와 영화사 연구자가 필진으로 참가할 각 권은
비평과 역사를 동시에 주목하는 스펙트럼 속에서
영화에 관한 다채로운 논의를 제공한다.

일러두기

• 이 책의 기획과 구성, 책임편집은 한국영상자료원 학예연구팀장 정종화와 연구원 이수연
  이 맡았다.

• 한국영상자료원에서 기증과 수집을 통해 보유하고 있는 사진은 별도의 출처를 표기하지
  않았으며, 그 외에는 사진 설명에 출처를 표시하였다.

• 영화의 작품명과 연도는 한국영상자료원 한국영화데이터베이스(KMDb)를 따랐다. 감독
  명과 개봉 연도는 각 장마다 해당 영화가 맨 처음, 주요하게 언급될 때 (감독명, 제작 연
  도) 형태로 병기했다. 감독명, 제작 연도, 배우 이름 등 영화 관련 정보는 ( ) 안에 표기
  하되, 본문 괄호와 구분되도록 별색으로 표기하였다.

• 맞춤법과 띄어쓰기는 국립국어원의 《표준국어대사전》을 따랐다. 논문 및 영화 등의 작
  품명은 〈 〉, 문헌이나 저서명·정기간행물(학회지 포함)·신문명은 《 》, 직접인용은 " ",
  강조 및 간접인용은 ' '로 표기했다.

• 인명이나 지명은 국립국어원의 외래어 표기용례를 따랐다. 단, 널리 알려진 이름이나 표
  기가 굳어진 명칭은 그대로 사용했다.

휴일

A DAY OFF

1968년 겨울,
남산에서 길을 잃고 서울을 떠돌면서

정성일 지음

KOFA 영화비평총서 1

앨피

기관 50주년을 맞은 한국영상자료원Korean Film Archive이 새로
운 시리즈 'KOFA 영화비평총서'로 독자 여러분과 만납니다.

한국영화사 100년의 도도한 흐름을 통틀어 사회문화사적 의
미에서 주목할 만한 한국영화를 선별하였습니다. 그중에서도
필름 아카이브가 보존 중인 자료들을 통해 더 풍부하게 이야기
될 수 있는 영화들을 골라, 각 영화마다 가장 전문가라 할 필자
들이 집필을 맡았습니다. 한국영화 비평을 담은 시리즈는 이전
에도 있었지만, 이번 총서는 'KOFA'만의 강점과 특징을 담았
다고 자부합니다.

바로 영화사적 관점과 맞물린 독창적인 해석입니다. 아카이브
의 역사적 지평에서 주목한 영화를 가지고서, 영화비평가와

영화사 연구자들이 각자의 고유한 시각과 관점으로 하나의 이야기를 완성했습니다. 독자 여러분과 더 깊게, 더 친밀하게 소통하고 싶은 마음입니다. 아무쪼록 한국영상자료원의 기획과 필자들의 노고가 독자 여러분에게 의미 있는 이야기로 전달되기를 희망합니다.

2024년 12월

한국영상자료원 원장 김홍준
학예연구팀장 정종화

차례

3장 — 그해 겨울 일요일의 밤

서문

0. 〈휴일〉 앞에서, 그리고 옆에서, 게다가 뒤에서, 하지만 아직은 안으로 들어가지 않고⋯

"⋯ 우리 아버지는 그렇게 도와주는 사람이 없었잖아요. 그게 누구든, 부모든, 부인이든, 자식이든, 친구든, 그 수준에서 함께 이야기하고 도와줄 사람이 없었잖아요"[1]*

그렇게 고립되어 있었다. 한국영화사에서 이만희를 이야기할 때마다 그런 문제와 부딪힌다. 한참을 서로 연결지어 가면서 설명하다 말고 이만희라는 이름에 이르면 누구나 갑자기 중단하고 다시 시작하는 것처럼 말한다. 마치 이만희의 영화가 주변 영화들과 관계하지 않는 것처럼, 때로는 바깥에 놓여 있

---

* 딸 이혜영 배우는 아버지 이만희에 대해서 한참을 떠올린 다음 이렇게 말했다.

는 것처럼, 혹은 그의 영화 이전에 그런 장소를 가진 적이 없는 것처럼, 그래서 새로운 좌표를 설정하지 않으면 그의 영화를 이해하기 어렵기라도 하듯이, 그렇게 시작한다. 그리고 아마 그건 사실일 것이다. 항상이라고는 말할 수 없지만, 이만희의 영화는 처음 도착했을 때, 한국영화사 안에서 미래의 영화였다. 이만희의 매번의 영화 앞에 따라붙는 형용사, 새로운, 이라는 표현을 떠올려 주길 바란다. 그렇게 떠오르는 대로, 새로운 전쟁영화 〈돌아오지 않는 해병〉, 새로운 필름누아르 〈검은 머리〉, 새로운 공포영화 〈마의 계단〉, 새로운 문예영화 〈물레방아〉, '문자 그대로' 새로운 영화 〈만추〉, 새로운 멜로드라마 〈귀로〉, 그리고 한 번 더 새로운 영화 〈휴일〉, 새로운 다큐드라마 〈생명〉, 새로운 서부극 〈쇠사슬을 끊어라〉, 새로운 로드무비 〈삼포가는 길〉, 아마 나는 많은 제목을 놓쳤을 것이다. 호명을 하는 것이 목표가 아니다. 새로운 말, 그 말이 미래를 향하지 않는다면 어디로 가고 있단 말인가. 물론 종종 한국영화사 안의 어떤 흐름과 때로 뒤섞이기도 했다. 하지만 이 사람은 자신의 힘만으로 거기서 다시 나와서 몇 번이고, 여기서부터 다시, 라고 그렇게 시작했다. 그의 영화는 자기가 마주한 영화사, 그래서 다른 선택의 가능성이 없던 시대에, 그렇지 않은가, 이 예술은 돈과 제도의 네트워크이다, 여기서 나가게 되면 벌거벗은 관계가 된다, 그러므로 어쩔 수 없이 올라탄 시간의 무게에 눌려 가면서, 어쩌면 모든 것을 망쳐 버릴지도 모르는 위태로운 지경을 매번 감수해 가면서, 모두들 말하길 거긴 길이 끊어졌어요, 라고 경고하고 있는데도, 구태여 그 길을 나서서 거기서 한국영화사의 다른 길을 열어 나갔다. 다소 용기를 내고 싶다. 모든 감독은 영화사 안에서 각자 하나의 영화사이다. 그러므로 감독의 영화사를 한 명씩 장르에 비교한다면 이만희의 영화사는 모험영화이다. 그가 치러야 했던 모험. 이 책은 그 모험 중에서 알려지지 않았던 모험, 그런데 갑자기 나타난 모험, 너무도 멀리 나아가서 바라보는 쪽에서 어디서부터 말을 시작해야 할지 가늠하기 힘든 영화, 〈휴일〉에 대해서 말해 볼 차례이다. 그러므로 내 쪽에서도 모험이다. 한 번 더 용기를 내고 싶다. 이 책은 영화비평이라기보다는 모험 안내서이다. 이만희의 모험, 나는 그 이상을 하지 않을 것이다. 왜냐하면 모험에 나선 사람은 당신이기 때문이다. 모험에 나선 당신에게 이 책이 일종의 사용자 안내서와 같은 역할을 했으면 좋겠다. 그것이 이 책의 숨겨진 가장 큰 야심이다. 그럴 리는 없겠지만 혹시라도 아직 〈휴일〉을 보지 않고 이 책을 펼쳤다면 되돌아가서 먼저 영화를 보길 권한다.

1장
1968년, 그해의 맥락(들)

"무슨 이야기부터 할까요?"

2005년에서 1968년으로,
한국영화사 안에서 하나의 사건

아무래도 그저 발견이라고 부르는 걸로는 부족하다. 이걸 사건이라고 부르지 않는다면 무얼 사건이라고 부를 수 있겠는가. 한국영화사라는 질서 안에 예기치 않은 무언가가 뛰어 들어왔다. 처음에는 아무도 준비하지 않은 상태에서 모두 그저 지금 무슨 일이 벌어졌구나, 라고만 말했다. 내가 할 수 있는 최대의 환대를 표현하고 싶다. 하지만 여기서는 할 수 있는 한 별다른 부언 없는 보고처럼 기술하겠다. 2005년 8월 초에 한국영상자료원 보존고에서 아무런 분류나 설명도 없이 필름 캔에 들어 있던 한 편의 영화가 발견되었다. 그때 나는 김소영(한국예술종합학교 영상원 이론과 교수), 허문영(영화평론가, 당시 부산국제영화제 한국영화 프로그래머)과 함께 영화 주간지《씨네21》에 '電影客棧(전영객잔)'이라는 아이템으로 번갈아 글을 쓰고 있었고, 그래서 9월 3일 한국영상자료원 시사실에서 다른 몇 명과 함께 이 영화를 볼 기회를 얻었다. 이 상영이 자료원에서 가진 첫 시사회인지는 알지 못한다. 그해 부산국제영화제는 이만희 감독 회고전을 준비하고 있었다. 우리는 이 영화에 관한 아무런 정보도 없었고, 심지어 자료원에 도착할 때까지 "이만희 감독의 새로 발견된 영화"라고만 소개받았다. 제목도 영화가 시작하고 나서야 알았다. 이제까지 들어 본 적이 없는 영화. 제목을 발설하는 것을 금지한 것도 아닌데 아무도 말하지 않았고, 어디에도 기록이 없는 영화. 하지만 영화가 끝나고 나서 나도 모르게 중얼거렸다. "〈만추〉(이만희, 1966)가 내일 발견되어도 이 영화만큼 좋을까."

〈휴일〉(이만희, 1968)을 보고 나서 부끄러웠다. 어떻게 이 영화의 제목을 단 한 번도 들은 적이 없을 수 있을까. 그래서 자료를 찾아보기 시작했다. 2005년 그때, 하지만 〈휴일〉에 관한 어떤 자료도 없었다. 이만희의 작품 목록에 없었다. 백결 시나리오작가의 목록에도 없었다. 이석기 촬영감독 목록에도 없었다. 신성일 배우도 여러 자리에서 〈만추〉를 이야기하면서 〈휴일〉에 관한 이야기는 단 한 번도 한 적이 없었다(적어도 내가 알기로는 그렇다). 한국영화사에서 〈휴일〉만이 제작이 끝난 다음 극장에서 상영하지 못한 것은 아니었다. 그런데 왜 이 영화에 관계된 모두가 그 긴 세월 침묵을 지킨 것일까. 그들은 2005년 〈휴일〉이 발견되고 나서야 비로소 이 영화에 대해서 말하기 시작했다. 반대로 〈만추〉는 필름이 사라졌는데 직접 관계하지도 않은 그렇게 많은 사람이 이 영화에 관해서 말한다. 이 비대칭 사이에서 〈휴일〉이라는 영화의 슬픈 운명을 생각한다. 종종 어떤 영화는 과분한 찬사와 영광을 누리지만 또 다른 어떤 영화는 마땅한 명성과 지위를 얻는 데 너무 오래 지체된다.

〈휴일〉은 순식간에 한국영화사 정전의 반열에 올라섰다. 나는 그렇게 생각했다. 그러나 이해할 수 없는 일이지만 한국영상자료원이 2013년에 영화학자, 영화평론가, 영화 종사자에게 설문을 돌린 한국영화사 100선에서 열 편 안에 들지 못했다. 하지만 100선에는 포함되었다. 아마 좀 더 시간이 필요했을 것이다. 2015년 부산국제영화제에서 아시아 영화 100선 설문을 했다. 서로 다른 나라의 감독, 평론가, 영화학자, 영화 기자, 영화제 프로그래머 73명이 참여했다. 66위에 〈휴일〉이 추천받았다. 이 영화를 추천한 사람의 명단에는 일본 영화평론가 하스미 시게히코(蓮實重彦)가 포함되었다(나는 이 사람의 명단에 항상 관심이 있다). 2024년 한국영상자료원은 이 설문을 한 번 더 했다. 이번에는 240명에게 설문을 돌렸다. 이번에도 〈휴일〉은 10위 안에 없다. 집계에 따르면 24위에 올라 있다. 한국영상자료원은 다시 이 설문 응답자를 '만드는 사람'과 '보는 사람' 둘로 나누었다. '만드는 사람'은 영화제작에 직접 참여하는 사람뿐만 아니라 배급, 투자, 극장, 그리고 플랫폼 관계자를 포함한 69명의 응답을 집계하였다. 이 명단에는 〈휴일〉이 없다. '보는 사람'에는 영화학자, 영화평론가, 영화 기자, 영화제 프로그래머, 그리고 다른 분야의 예술가와 연구자 171명을 포함했다. 응답자들은 〈휴일〉을 9위에 올려놓았다. 나는 이 순위가 객관적인 평가 기준이라고 생각하지 않으며, 그렇다고 설문에 응답한 사람을 폄훼할 생각도 없다(나도 설문에 응답한 사람 중 한 명이다). 다만, 〈휴일〉은 아직까지 한국영화사의 정전이라는 데 〈하녀〉나 〈오발탄〉과 달리 만장일치의 합의에 이르지 못했다는 것이다.

여전히 소수의 정전에 속하는 이 영화, 〈휴일〉을 위해서 나는 이 글을 쓴다. 여기가 시작이다. 단지 세간의 평가에 저항한다거나 아니면 미처 당신들이 알지 못하는 지식을 알고 있다고 주장을 하려는 것이 아니다. 그러기는커녕 반대로 〈휴일〉을 정전의 자리에 올려놓음으로써 한국영화라는 담론, 그 담론이 작동하는 방식, 그 안에서 미처 충분히 알려지지 않은 아름다운 그 무언가의 활동, 제발 단지 개념들에서 멈추지 말고, 그 안에 담겨 있는 어떤 힘을 발굴하고 그것이 또 다른 영화에 재분배되었을지도 모르는 관계의 지도를 그려 나가면서 새로운 가치를 찾아내려고 하는 것이다. 그래서 새로운 영화 한 편을 추가하는 대신 새로운 작업을 성공적으로 끌어낸 영역에 모험적으로 들어서서 미처 가 보지 못했다고 여겼던 거기에 이미 도착했던 방법을 정식화해 보자는 것이다. 혹시라도 내가 그 일부를 건드리고 여기서 찾아냈다면 아마도 다음 작업을 공유해 볼 수 있을 것이라는 소심한 목표가 여기에 있다. 그러므로 이 책은 하나의 전술이기도 하다. 종종 진지를 만들고 거기서 당신과 함께 대화하기를 기다릴 것이다. 한 마디 더 하자면, 그러므로 이 책은 미래의 우정에 관한 책이다.

이만희가 거기 있었다.

이만희는 갑자기 세상을 떠났기 때문에 자신의 생애를 돌아볼 자리를 갖지 못했다. 우리에게 전해지는 대부분의 이야기는 1966년 〈물레방아〉 이후 이만희의 시나리오를 쓴 백결 작가, 이만희의 딸인 배우 이혜영, 그리고 이만희의 조감독이었던 유지형 감독의 인터뷰, 저술을 통해서 재구성되었다. 물론 귀중한 증언이고 거의 놓칠 뻔한 어떤 순간들을 담고 있다. 하지만 아무래도 따라가다 보면 어느 대목에서는 객관적인 사실과 주관적인 해석이 서로를 침범하면서 주석처럼 펼쳐진다. 나는 다시 한 번 여기서 그 일을 할 수밖에 없다. 이만희를 만난적이 없기 때문에 어쩌면 더 나쁜 방법일지도 모른다는 점을 염두에 두고 따라오길 바란다.

이만희는 1931년 10월 6일 서울 왕십리에서 태어났다. 이렇게 지명을 부르긴 했지만, 행정구역으로 왕십리라는 지역은 없다. 왕십리(往十里)는 성동구와 중구에 걸쳐서 그 일대를 부르는 호칭이다. 그러므로 이만희가 태어난 곳은 서울 북동부 지역 상왕십리동, 하왕십리동, 홍익동, 도선동, 중구 황학동, 그리고 신당동 북쪽 부근이라고 짐작한다. 1931년 서울은 일제 강점하의 경성(京城)이었는데, 그때 왕십리는 사대문(四大門) 중의 하나인 동대문 부근이었다. 지금도 이 부근에 남아 있는

17

광희문(光熙門)은 그 당시에 시구문(屍口門)으로 불렸다. 도성 안에서 사람이 죽으면 시신을 광희문을 통해서 성문 바깥으로 내보냈기 때문이다. 그래서 광희문 부근 (지금의) 금호동은 도성 부근의 공동묘지 중의 하나였다. 이 공동묘지로 보내기 전에 죽은 자를 위한 굿을 하는 것이 조선시대 이후 관례여서 왕십리 일대는 무당집이 촌을 이루고 있었다. (그러므로 이것은 내 추론인데) 어린 시절 이만희는 자라면서 굿을 하는 장면들을 자주 보았을 것이다. 부친의 성함은 이세근, 모친의 성함은 안원덕. 두 부모 사이의 8남매 중에 막내로 태어났다. 그중 손 위 두 명이 일찍 세상을 떠나서 6남매로 자랐다. 남매 중 맨 위 두 명의 형이 기계 기술을 배워서 재산을 모았고, 비교적 어린 시절은 유복했다. 경신중학교 재학 시절 (딸 이혜영이 할머니에 들은 바에 따르면) "비가 오면 비가 와서 학교에 안 가고, 눈이 오면 눈이 와서 학교에 가지 않았다"고 한다. 고등학교를 마친 다음 1950년 군대에 입대했다. 이만희가 자기에게 부여받은 세월과 함께 보낸 시간을 한마디로 말하기는 어렵다. 상투적인 설명을 하려는 게 아니다. 같은 말을 다른 판본으로 한 번 더 하겠다. 분명히 그는 어린 시절을 허송세월하였다. 여러 가지 상황을 충분히 추론할 수 있다. 이만희가 열 살 때 일본은 진주만을 공습했고, 그런 다음 내내 전시 상황이었을 것이다. 열다섯 살 때 해방되었다. 어쩌면 그 의미를 한참 뒤에야 알았을 것이다. 서울에 살았다. 거리는 좌우 대립으로 깃발이 휘날리고 사방에서 구호를 외치고 있었을 것이다. 스무 살이 되고 군대에 갔다. 군에서는 통신 무전병으로 복무했다. 그때 한국전쟁이 나서 전장에도 투입되었다. 5년간 복무하였고, 1955년 이등 중사로 만기 제대하였다.

이만희는 영화감독보다는 배우 연기에 먼저 관심이 있었다. 그래서 한국 근대연극 극작가인 유치진이 운영하던 연기학원도 다녔다. 제대 직후 첫 번째 결혼을 했지만, 곧 이혼하였다. 이듬해 시나리오를 써서 그걸 영화 조감독을 하던 황학봉에게 보여 주었고, 황학봉은 그걸 읽고 영화감독 안종화에게 소개했다. 안종화는 현재 필름이 보존된 가장 오래된 한국 무성영화 〈청춘의 십자로〉(1934)를 연출한 감독이다. (하지만 전체 영화 필름 8권 중 7권만 남아 있는 불완전 판본이다.) 안종화는 이만희를 김명제, 박구에게 추천했고, 그리고 자신의 연출부에도 자리를 주었다. 이만희는 그 이후 연출에만 전념하였다. (하지만 1970년 〈고보이 강의 다리〉를 연출하면서 김석훈과 공동 주연을 맡았다. 주변에서 반대했는데도 그 역을 고집했고, 이를 계기로 오랜 작업의 동반자였던 시나리오작가 백결과도 결별했다. 또 1972년 〈04:00-1950-〉에는 단역으로 출연했다) 이듬해 재혼을 했다. 배우 이혜영은 두 번째 결혼에서 낳은 막내딸이다.

1961년 첫 번째 영화 〈주마등〉을 연출했다. 당시 충무로의 관례에서 서른 살의 나이로 첫 영화를 연출하는 경우는 이른 것이 아니었다. 영화감독으로서 이만희의 이름을 안정적으로 만든 영화는 네 번째 작품 〈다이얼 112를 돌려라〉(1962)이다. 반전에 반전을 거듭하는 이 영화는 필름누아르 형식과 미스터리 서사를 교차시키면서 내내 어둠을 화면뿐만 아니라 등장인물 모두의 내면에 드리운다. 무엇보다 이 영화에서 문정숙, 장동휘, 최무룡, 박노식이 등장인물로 만났고, 이 배우들은 이만희의 영화에 반복적으로 출연하였다. 단지 큰 성공을 거두었을 뿐만 아니라, 이만희는 이 영화를 〈여섯 개의 그림자〉(1969), 〈삼각의 함정〉(1974)에서 두 번이나 리메이크하였다.

한국영화사에서 이만희는 언제 (우리가 지금 호명하는 의미의) 이만희가 되었는가. 단순하게 도약, 이라고 말하는 이상의 '점핑'이라고 할 수밖에 없는 여섯 번째 영화 〈돌아오지 않는 해병〉(1963). 여기서 이만희는 무엇을 도약시켰는가. 이 전쟁영화는 드라마를 진행시키다가 문득 잊어버리기라도 한 듯이 멈춰서는 순간들이 있다. 그 순간들을 이만희가 의식했다기보다는 하나의 리듬처럼 받아들인 것 같은데, 여기서부터 이만희 영화에 데드 타임dead time의 시간이 들어서기 시작했다. 때로는 시적인 느낌을 불러일으켰지만 때로는 집중력을 흩어지게 만들면서 산만하게 진행되는 것처럼 보일 때도 있었다. 1963년, 이 무렵부터 이만희는 '일칠(17)클럽'이라는 이름으로 매달 17일에 영화에 관한 생각을 나눌 수 있는 17명의 '비-고정적인 멤버' 모임을 만들었다. 여기에 "거의 항상" 자리를 함께한 영화인은 촬영감독 서정민, 음악감독 전정근, 조명감독 장기종, 그리고 배우 문정숙, 장동휘, 최무룡, 이대엽, 구봉서, 이해룡, 독고성, 장혁 등이었다. 이 모임은 1960년대 후반까지 계속되었다(고 한다). 이만희는 마치 전환점을 찾은 것처럼, 여기서부터 미장센, 조명, 구도, 세트의 설계, 그저 이만희의 연기 지도라고 설명할 수밖에 없는 제스처를 찾아 나섰고, (1960년대 한국영화에서 배우들이 가장 이상한 제스처로 연기하는 모습을 김기영과 이만희 영화에서 볼 수 있다, 그런데 그 둘은 너무 다르다.) 그 모든 것을 동원해 (영화학자 김소영의 표현을 빌리면) "동시대의 다른 한국 영화감독들이 등한시하고 있던 무드mood를 건지려고" 했다. 물론 모든 영화에서 그걸 발견할 수 있는 건 아니다. 하지만 1964년에 연출한 〈마의 계단〉과 〈검은 머리〉는 이만희의 새로운 경지가 되었다.

1964년에 관한 좋은 이야기만 있는 건 아니다. 1964년 12월 18일 〈7인의 여포로〉(1965)*가 「반공법」 4조 1항 위반으로 서울 형사지법에서 구속영장이 청구되고 필름이 압수됐다. "북한군을 인간적으로 그리고, 국방군을 허약하게 묘사하고, 양공주

* 상영 당시의 제명은 〈돌아온 여군〉.

촬영장에서 이만희 감독.

1장 | 1968년, 그해의 맥락(들)

(미군부대 근처에서 일하는 성매매 여성)의 현실을 과장"하였다는 것이 영장 청구 사유였다. 이만희는 38일 동안 서대문형무소에 구류되었다가 보석으로 나온 다음 재촬영 각서를 썼다. 문공부(문화공보부)는 이미 40분 분량을 가위질해서 삭제했다. 이만희는 석방된 다음 다시 촬영하지 않았다. 영화를 제작한 합동영화사에서 다른 감독과 촬영감독을 데려와 다른 대본으로 촬영하여 재편집하였다. 서정민 촬영감독은 "재촬영을 한 사람들이 누군지 모르겠다"고 대답했다.[2]

하지만 이만희는 지치지 않고 전쟁영화로 기회가 닿을 때마다 다시 돌아왔다. 마치 전쟁영화에 어떤 (설명하기 어려운) 매혹을 느끼는 것처럼 반복적으로 끌어당겼다. 같은 이야기의 다른 판본. 이만희는 거기에 머물지 않았다. 계속해서 자기의 영역을 확장해 나갔다. 1966년에 나도향 원작 소설을 백결이 대담하게 각색한 시나리오를 영화화한 〈물레방아〉와 서울역 수산물시장에서 진행하는 〈시장〉(1965)은 각각의 방식으로 탐색한 결과이며, 작품에 동의하지 않아도 문득 마주치는 장면 앞에서 종종 황홀한 순간을 맞이했음을 고백하게 될 것이다. 그리고, (반복해서 한 번 더) 그리고 〈만추〉(1965)가 있다. 만장일치로 이만희의 최고 걸작일 뿐만 아니라 한국영화사에서 몇 번되지 않는 새로운 문제 설정의 단절이라는 쇼크를 '발명한' 영화. 이렇게 말하긴 했지만 이제는 이 영화를 경험한 증인이 얼

만장일치로 이만희의 최고 걸작일 뿐만 아니라 한국영화사에서 몇 번 되지 않는 새로운 문제 설정의 단절이라는 쇼크를 '발명한' 영화, 〈만추〉(이만희, 1965).

마 남지 않게 된 '소문 속의' 영화. 왜냐하면 〈만추〉는 '잃어버린 영화'가 되었기 때문이다. 제작자 호현찬의 말에 따르면 "…이 영화 프린트가 세 벌이었는데 하나는 한 영화사 사장이 빌려 가서 잃어버렸고, 다른 하나는 미국에서 이 사람 저 사람 손으로 건네지다 실종되었으며, 마지막 하나는 네거티브 원판인데 스페인에 수출되어 개봉한 뒤 돌아와 김포세관에서 폐기 처분되었어요. 스페인에서 돌아온 네거티브가 관세 때문에 묶여 있었는데 나중에 찾으러 가니 이미 한강 변에서 소각한 다음이라는 거예요." 〈만추〉는 얼마나 훌륭했을까. 내가 인터뷰하면서 김기영 감독에게 한국영화에서 인정할 수 있는 영화가 있습니까, 라고 질문했을 때 딱 한 마디 대답하였다. "〈만추〉, 그거 한 편이지." 임권택 감독에게 같은 질문을 했다. "(김기영 감독의) 〈십대의 반항〉(1959)과 〈만추〉, 그리고 〈살인의 추억〉(봉준호, 2003)이요." 〈만추〉는 1975년에 김기영이 〈육체의 약속〉으로, 1982년 김수용이 같은 제목 〈만추〉로, 그리고 김태용이 2011년 역시 같은 제목 〈만추〉로 일부 각색하여 리메이크하였다. 일본에서 1972년에 사이토 고이치(斎藤耕一)가 〈약속(約束)〉이라는 제목으로 리메이크하였다.

이만희는 그때 다른 감독들과 마찬가지로 한 해에 여러 편을 연출했다. 그리고 자신에게 명령을 내리듯이 매년 한 편 (이상의) 걸작을 찍었다. 1967년에 만든 〈귀로〉는 문정숙에 바쳐진

영화처럼 보인다. 불구인 남편의 연재소설 원고를 들고 인천과 서울에 있는 신문사를 오가는 아내를 따라가면서 '무드'의 리듬을 만들어 내는 이 영화는 종종 풍경의 내면이라고 할 만한 간접화법의 영화로 진행된다. 그리고 (다시 한번) 그리고 1968년에 〈외출〉, 〈창공에 산다〉, 〈여로〉를 개봉한 다음 〈휴일〉을 10월에 찍었다. 다시 한 번 이만희는 검열과 충돌했다. 하지만 이것은 멋있게 표현한 것이다. 1968년은 이미 세상에 정치의 어둠이 내리고 있었다. 문화공보부는 점점 더 까다롭게 검열을 시행하였다. 당신이 어떤 기준을 부정적으로 들이댈지라도 〈휴일〉이 개봉 금지를 당한 건 이해하기 어려울 것이다. 주인공 허욱(신성일)이 마지막 장면에서 "머리를 깎고 군대에 입대하면 검열에서 통과시켜 주겠다"고 제안했다. 제작자, 감독, 시나리오작가 모두가 반대했고, 결국 〈휴일〉은 개봉하지 못하고 필름 캔 속에 보관되어서 다음 세기로 건너왔다.

여기서부터 모든 것이 잘 설명되지 않는다. 1969년 '이후'부터 이만희의 영화(들)에 관해서는 새로운 관점의 도입이 필요하거나 아니면 우리가 무언가를 놓쳤거나 그도 아니라면 다소 극단적인 가정이 필요할지 모른다. 그해 만든 두 편의 영화, 갱도에 매몰되었던 광부 양창선 씨의 실화를 담은 〈생명〉(1968)은 거의 서사가 없다. 반대로 〈암살자〉(1968)는 계속되는 대화의 평행편집 과정에서 이만희가 풍경에 매혹되어 종종 홀린 것 같은 진행을 이어 가던 시기 '다음'에 이르렀음을 일깨운다. 다만 그 것이 무엇인지를 설명하기는 어렵다. 이걸 설명하려면 〈만추〉, 〈귀로〉, 그리고 〈휴일〉을 부정해야 한다. 하지만 이 영화들 앞 에서 그럴 만한 가치가 있을까, 라는 반문이 따라온다. 이만희 를 연구하는 많은 비평은 여기서부터 이만희가 어떤 카오스 상 태에 빠졌다고 말한다. 그렇게 결론이 간단하다고 생각하지 않 는다. (하지만 나는 아직 만족스러운 대답을 찾지 못했다.) 이만희에 게 결정적인 현실적 문제는 이 과정의 영화들이 어떤 결론에 이 르기도 전에 제작자들로부터 기피하는 이름이 되었다는 것이 다. 이듬해 〈고보이 강의 다리〉를 제작하면서 시나리오작가 백 결과도 결별했다. 이 무렵 자신의 영화 속의 '뮤즈'였던 문정숙 과도 더는 작업하지 않게 되었다. 아마 그 위기를 그 자신도 느 꼈던 것 같다. 1971년, 세르지오 레오네Sergio Leone의 〈석양의 무법자Il buono, il brutto, il cattivo〉(1966)를 가상의 공간 만주를 무 대로 자유로이 각색한 〈쇠사슬을 끊어라〉(1971)를 만들었다. 장 동휘, 허장강, 황해를 주연으로 티베트 금불상을 서로 차지하 려는 황당무계한 이야기. 이 영화는 이만희가 오락영화를 얼마 나 재미있게 만드는 연출자인지를 증명하기 위해서 만든 것처 럼 보이는 작품이다. 이 영화와 그 주변의 '충무로 서부영화'를 영화학자 김소영은 '만주 웨스턴'으로 정식화하면서 재발견해 냈고, 이 발견은 김지운의 〈좋은 놈, 나쁜 놈, 이상한 놈〉(2008)

으로 느슨하게 이어졌다. (그러나 이 영화는 이만희의 영화보다 세르지오 레오네의 원본에 더 가깝다.) 하지만 다시 이만희는 자신만의 실험으로 돌아왔다. 한국전쟁이 시작되는 1950년 6월 25일 일요일 새벽 4시 휴전선 최전방 벙커를 무대로 한 〈04:00-1950-〉은 놀랍게도 영화의 절반이 벙커 안에서 진행되는 일종의 실내극이다.

문공부 산하기관이었던 영화진흥공사는 1973년 두 편의 국책홍보 전쟁영화를 기획하였다. 한 편은 〈증언〉(임권택, 1973)이고, 다른 한 편은 〈들국화는 피었는데〉(이만희, 1974)였다. 두 편 모두 제작비 1억 원의 규모였으며, 국방부의 전폭적인 지원과 촬영 지역 주민들을 엑스트라 출연으로 동원하는 행정 지원을 약속받았다. 〈증언〉은 임권택이 연출했고, 〈들국화는 피었는데〉는 이만희가 연출하게 되었다. 〈증언〉은 순조롭게 촬영을 마치고 개봉했는데, 〈들국화는 피었는데〉는 무한정 연기되었다. 시사회를 마친 다음 전면적인 개작을 요구받았지만 이만희는 이 요구를 거절했다. 타협점을 찾는 데 실패하자 개작 보충 촬영을 임권택에게 요청했지만, 이번에는 임권택이 거절했다. 그런 다음 개작 수정 과정에서 복잡한 이야기가 있(었겠)지만 더는 바깥에 알려지지 않았다. 〈들국화는 피었는데〉는 파국 직전의 상태에서 간신히 견디는 영화이다.

이만희의 영화를 따라가는 누구에게도 1974년은 실망스러운 한 해이다. 앙드레 지드의 소설 《전원교향악》을 평면적으로 각색한 영화 〈청녀〉(1974)는 어떤 싸움도 아니고, 그렇다고 타협도 아닐 뿐만 아니라, 원작에 관한 새로운 측량이 있는 것도 아니며, 그렇다고 여기에 자신의 시대를 투사한 것도 아니다. 다만 한 가지는 알겠다. 이 영화에는 어디론가 도망가 버리고 싶은 도피주의랄까, 하여튼 여기는 아니지만, 그래도 어딘가 있을 샹그릴라를 담아내려고 애쓴다. 물론 그런 게 있을 리 없다. 이만희는 그런 장소를 담아 본 적이 없다. 처음으로 돌아가고 싶거나, 아니면 지난날의 성공을 떠올렸을지도 모르지만, 〈다이알 112를 돌려라〉를 리메이크한 〈삼각의 함정〉을 이때 만든 것은 이만희의 상황에 대한 많은 설명을 대신한다. 그런 다음 〈태양닮은 소녀〉(1974)를 찍었다. 이 영화의 성과는 단 한 가지다. 이만희는 두 번째 '뮤즈'를 찾아냈다. 문숙은 문정숙이 아니다. 단지 나이의 차이가 아니라 모든 점에서 달랐다. 문숙이 영화 안에 들어왔고, 그러자 이만희는 그녀의 존재를 증명하기 위해서 모든 시청각 기호들을 수정해 나가기 시작했다. 황석영의 단편소설 《삼포 가는 길》을 각색한 〈삼포가는 길〉(1975)은 이만희의 마지막 영화라는 성급한 설명 때문에 결정적인 논점을 놓치고 있다. 이 영화는 모든 점에서 이만희의 어떤 영화와도 다르다는 것이다. 그러므로 〈삼포가는 길〉이 이런저런 모색을 하던 이만희의 두 번째 첫 영화라면 어떻게 하겠는가. 하지만 이만희는 두 번째 첫 영화조차 불완전하게 끝냈다. 이 영화를 편집하던 도중인 4월 13일 간경화 악화로 세상을 떠났다. 이만희의 나이 마흔세 살. 〈삼포가는 길〉은 마지막 시퀀스를 검열로 재편집했으며, 남은 자들이 다른 부분을 잘 지켜 냈는지에 대해서는 내가 알지 못한다. 한 가지는 덧붙이고 싶다. 우리는 이만희 영화의 절반만을 보았다. 그리고 남은 절반을 볼 기회가 없다.

1968년 그해 초겨울, 영화의 안과 바깥

이만희는 1967년이 끝났을 때 이미 31편의 영화를 연출했다. 항상 훌륭한 것은 아니었지만, 언제나 비범한 순간이 있었다. 그건 사실이다. 어떤 다른 선택의 여지가 없는 시장에서 다른 감독들과 마찬가지인 상태의 조건으로 영화를 만들었으며, 이만희의 영화에 자주 출연했던 배우, 이를테면 신성일은 거의 모든 영화에 출연하였다. 장르영화 안에서 커다란 대중적 성공을 거두었고(《돌아오지 않는 해병》, 〈마의 계단〉(이만희, 1964)), 그래서 오락영화에 자신이 재능이 있다는 것을 보여 주었으며, 반대로 거기서 돌아 나와서 그 자신의 영화에서뿐만 아니

라 한국영화사에서 이정표를 세운 영화를 완성했으며(《만추》),
그것이 우연이 아님을 연이어 증명했다(《귀로》, 그리고 〈물레방
아〉). 하지만 문공부의 검열 과정에서 「반공법」 위반으로 이만
희는 구속되고 영화 필름은 만신창이 되었으며(《돌아온 여군》),
본 적이 없는 영화를 표절했다는 이유로(에르지 카발레로비치
Jerzy Kawalerowicz의 〈야간 열차Night Train〉(1959)) 1년 동안 영화가
묶여 있기도 했다. (《기적》(1967), 공보부 산하 반관반민 조직인 한국
예술문화윤리위원회가 표절로 판정했지만, 1967년 11월 21일 제14차
공보부 영화위원회는 표절이 아니라고 밝혔다.) 천천히 음미하면서
읽어 주길 바란다. 그런 다음 이 질문이 무례하지만 이렇게 물
어볼 수밖에 없다. 1968년에 이만희는 어떤 기분이었을까. 물
러설 수 없는 자리. 무얼 할 수도 없고, 무얼 하지 않을 수도 없
는 상황. 서른일곱 살의 남자.

어떤 방어도 하지 않고 좀 더 구체적인 정황을 열거해야 할
필요를 느낀다. 모든 것이 아주 좋지 않았다. 그때는 그렇게 느
꼈지만 시작이었다. 그 전년도에 공보부차관을 위원장으로 자
문기구인 영화위원회가 신설되었고, 영화제작에 관련된 모든
과정에 개입하였다. 아니, 감시라는 표현이 적절할 것이다. 공
보부는 각본심의위원회를 운영하면서 이중 검열을 시작하였다.
영화를 제작하기 전에 심의하였고, 여기서 통과된 시나리오만
이 촬영 허가증을 받았다. 편집이 끝난 다음 심의 허가받은 시

나리오로 완성되었는지 다시 심의하였다. 이 과정에서 유현목은 〈춘몽〉(유현목, 1965)으로 외설 혐의로 구속되었고, 기소유예 판결을 받았다. 정부는 강제로 제작사를 22개에서 12개로 통합하였다. 절반 가까운 한국영화 제작사가 폐업하였다. 1968년, 정부의 지시에 따라 한국영화제작자협회에서 '국산영화 제작 편수 조정 규정'을 발표했다. 이에 반대하여 한국영화인협회에서 반대 성명을 발표했지만, 시위로 끝났다.

　그때 대중들은 무슨 이야기를 보러 가고 싶어 했을까. 거기서 무얼 기대했을까. 그리고 무얼 느껴 보고 싶어 했을까. 정소영의 〈미워도 다시 한번〉(1968)은 커다란 성공을 거두었다는 말로는 부족하다. 이 영화는 성공을 재생산하면서 삼부작이 되었고, 그런 다음 다시 배우를 바꾸어서 리메이크되었고, 이 서사는 텔레비전 주말드라마로 옮겨 간 다음 원본의 이판본이 변주되듯이 제작되었다. 아마 지난 세월 동안 이 서사를 원본으로 한 대본으로 도서실의 한쪽 벽면을 차지할 수 있을 것이다. 그러므로 이 영화를 '신파 멜로드라마'라고 가벼이 밀쳐 내는 비평의 고상한 저항감에 동의하지 않는다. 이 성공은 1968년의 공기이며, (그것이 부정적이라 할지라도) 시대정신이자, 세계와 대중들의 심정 사이의 '가련한' 환상의 협상이다. 오히려 거인들의 빈곤을 외면하고 싶어진다. 유현목은 6편의 영화를 찍었다. 〈카인의 후예〉(1968)를 제외한다면 남은 영화들, 〈몽땅 드릴까요〉(1968), 〈아리랑〉(1968), 〈수학여행〉(1968), 〈악몽〉(1968), 〈한(속)〉(1968)은 공허하게 느껴진다. 김수용은 1968년에도 다작을 찍었다. 〈분녀(粉女)〉, 〈시발점〉, 〈춘향〉, 〈피해자〉, 〈스타탄생〉, 〈맨발의 영광〉, 〈수전지대〉, 〈동경특파원〉, 〈일본인〉. 이 명단을 보고 있으면 1967년 한 해에 〈산불〉과 〈만선〉, 〈까치소리〉, 〈사격장의 아이들〉이 있다는 사실이 믿어지지 않는다. 신상옥은 여전히 사극을 찍었다. 안양스튜디오 세트장은 그에게 기회를 주었다. 하지만 〈대원군〉(1968)과 〈내시〉(1968)는 반대로 이 거인을 가둬 놓은 것처럼 보인다. 나는 다른 두 편, 〈여자의 일생〉(신상옥, 1968)과 〈무숙자〉(신상옥, 1968)에서 아무것도 보지 못했다. 김기영은 이해에 영화를 만들지 못했다. 다만 유현목, 정진우와 함께 옴니버스 영화 〈여(女)〉(정진우·유현목·김기영, 1968)를 찍었다.

두 편의 영화를 포함해야 할 것 같다. 문학평론가 이어령 원작을 소설가 김승옥이 각색한 이성구의 〈장군의 수염〉(1968)은 복잡한 플래시백으로 진행된다. 이 영화는 그 자체로 서사에 문제 제기하면서 주인공이 서사 안에서 소멸해 가는 과정의 기록이기도 하다. 말 그대로 유령 서사. 다른 한 편은 시나리오를 쓴 소설가 김승옥(《무진기행》을 쓴 바로 그!)이 처음이자 마지막으로 연출한 〈감자〉(1968)이다.

영화 바깥의 상황이 훨씬 복잡하다. 그해 아무도 영화에 관심을 기울일 겨를이 없었다. 새해가 시작되자마자 1월 21일 북한 민족보위성 정찰국 소속 공작원, 일명 124군 부대 31명이 침투하여 청와대로부터 300미터 떨어진 세검정에서 총격전이 벌어졌다. 29명이 교전 끝에 사살되었고, 1명은 미확인되었고, 투항한 1명 김신조는 기자회견에서 침투 목적을 묻자 대답했다. "박정희 모가지 따러 왔수다." (이와 관련하여 남한에서는 684 북파부대를 양성했고, 1971년 '8·23 난동 사건'으로 끝났다. 〈실미도〉(강우석, 2003)가 이 사건과 관련한 영화이다.) 이틀 후인 1월 23일 동해상 원산 앞바다에서 미함정 푸에블로호가 북한 해군 제2전대에 피랍되었고, 함에 타고 있던 선원 82명이 북한에 억류되었다. 이 선원들은 28차에 걸친 비밀협상 끝에 12월 23일 판문점을 통해 귀환하였다. 이 사건은 디테일의 묘사이다. 무엇에 관한? 아시아는 전쟁 중이었다. 금방 끝날 것으로 예상한 베트남전쟁은 정글에서 수렁에 빠진 것처럼 보였다. 한국 정부는 한국군을 계속 사이공에 보냈다. 한국군은 미군 다음으로 베트남에 가장 많은 군인을 파병한 군대였다. 어린 학생들은 숙제처럼 위문편지를 썼고, 청룡부대와 맹호부대 군가를 암송하여 음악 시간에 시험을 보았다. 중국에서는 문화혁명이 진행되고 있었다. 그해 12월 22일 천안문의 지도자는 도시의 모든 학생은 시골에 내려가 사상 재교육을 위해 하방(下放)하라는 교시를 내렸다. 1,700만 명이 시골로 향했다. 일본 도쿄대에서 6월 15일 의

학부 학생들이 야스다(安田) 강당을 점령하고 반대 시위에 들어가자 일본 전공투(全學共鬪會議)가 연대하면서 이른바 '도쿄 전쟁'이라는 대규모 집회로 확산되었다. 그리고 지구 반대편, 프랑스 파리에서 그해 5월 '파리혁명' 시위행진이 있었다. 칸영화제는 중단되었다. 한국 정부는 이 모든 소식으로부터 사회를 차단(하다시피)했다. 소식은 소문처럼 전해졌다. 1968년의 이야기다.

그해 아카데미 작품상은 노먼 주이슨Norman Jewison의 〈밤의 열기 속으로In the Heat of the Night〉(1967)가 선정됐지만, 영화 테크놀로지 역사에서 이정표가 된 스탠리 큐브릭Stanley Kubrick의 〈2001: 스페이스 오딧세이2001: A Space Odessey〉(1968)가 제작되었다. 언제나처럼 고다르Jean-Luc Godard는 가장 먼저 가장 멀리 가고 있었다. 지가 베르토프 집단Groupe Dziga Vertov을 결성했고, 〈즐거운 지식Le Gai savoir〉(1968)을 제작했다. 파졸리니Pier Paolo Pasolini는 〈테오레마Teorema〉(1968)를 만들었다. 세르지오 레오네는 베르나르도 베르톨루치Bernardo Bertolucci와 다리오 아르젠토Dario Argento와 함께 시나리오를 쓴 〈옛날 옛적 서부에서C'era una volta il West〉(1968)를 찍었다. 일본에서 이마무라 쇼헤이(今村昌平)는 〈신들의 깊은 욕망(神の深き欲望)〉(1968)을 찍으러 남쪽의 섬으로 갔고, 오시마 나기사(大島渚)는 〈교사형(絞死刑)〉(1968)에서 교수대를 바라보며 재일 한국인 문제를 다

루면서 국가를 질문하였다. 그리고 저 멀리 쿠바의 토마스 구티에레즈 알레아Tomás Gutiérrez Alea는 〈저개발의 기억Memorias Del Subdesarrollo〉(1968)을 완성했다. 요점은 명단에 있지 않다. 이 영화들을 방금 언급한 한국영화들의 명단과 비교해서 대차 대조표를 만들어 보길 바란다. 한국영화는 세계영화의 동시대 성에서 얼마나 멀리 있었는가. 여기서 이만희의 〈휴일〉은 어디 위치하고 있는가.

그해 이만희는 4편의 영화를 연출했다. 이 영화들은 이만희가 얼마나 산만한 상황에 놓여 있었는지를 웅변하듯이 보여 준다. 첫째, 그해 4편의 영화를 서로 다른 4개의 제작사에서 진행했다. 영화 현장에 어떤 매뉴얼도 없던 시절. 현장은 돈의 진행이기 때문에, 1990년대 초반까지 대부분의 영화사에서 제작부를 고용하였다. 그리고 제작부장들은 자신들이 배운 대로 진행하였다. 이만희가 연출한 4편 영화의 4개 현장은 전혀 다른 풍경이었을 것이다. 〈외출〉은 신필름에서, 〈창공에 산다〉는 동남아영화공사에서, 〈여로〉는 세기상사에서, 그리고 〈휴일〉은 대한연합영화사에서 제작하였다. 둘째, 4편의 영화는 성격이 전혀 달랐다. 〈외출〉은 이석기 촬영감독 말에 의하면, "촬영에 시간이 제일 오래 걸린 영화"이다.[3] 하지만 필름이 남아 있지 않아서 그 이유를 설명하기 힘들다. 〈창공에 산다〉는 공군사관학교를 졸업한 파일럿의 이야기다. 〈여로〉는 한국전쟁을 배경으로 야전병원에서 포로인 국방군의 피를 부상병인 북한군에게 수혈하는 과정을 지휘하는 북한 군의관이 양심에 고통받는 이야기다. 그리고 〈휴일〉이 있다. 이만희는 영화 현장을 옮겨갈 때마다 다른 세계로 자신을 다시 이주시켜야 했을 것이다. 셋째, 4편의 영화는 다른 시나리오작가와 작업했다. 리메이크인 〈외출〉은 그럴 필요가 없었을 것이다. 그래서 백결이 각색을 했다. 〈창공에 산다〉는 신봉승 작가가, 〈여로〉는 박찬성 작가가, 그리고 〈휴일〉은 백결 작가가 썼다. 대신에 4편 모두 이석기 촬영감독이 찍었다. 어쩌면 당연하고, 어쩌면 이상한 지적, 4편의 영화에서 3편의 영화, 〈창공에 산다〉와 〈여로〉, 그리고 〈휴일〉의 주연이 신성일이다. 당연한 이유, 그때 신성일은 스타였다. 영화사의 관점에서 그 이름이 필요했을 것이다. 이상한 이유. 서로 다른 3편의 영화, 서로 다른 줄거리, 서로 다른 인물, 한 명의 연출, 한 명의 촬영에 한 명의 배우가 연속으로 출연할 때, 3명의 다른 인물, 3개의 다른 이미지를 만들어 내는 것은 연출, 촬영, 배우 모두에게 이 반복이 불러일으키는 동일성의 귀환을 완전히 무시하는 것을 가능하게 할까. 그래도 이만희는 받아들였다. 아마 내가 알 수 없는 이유, 설명할수 없는 판단이 있었을 것이다.

2장
그해 겨울 일요일의 낮

"솔직히 말하면 일요일을 기다리는 게, 만나는 게…"
"두려워졌나요?"

일요일 오후,
허욱은 점괘를 받아들고 산책을 시작한다.

"… 제가 원래 쓴 시나리오에 따르면 프롤로그와 에필로그
가 있어요. 프롤로그에서 신성일이 익사체로 발견이 돼요. 이
제 막 인양이 된 거죠. 죽어 있는 시체의 얼굴 위로 죽은 자의
내레이션을 하면서 자신을 소개해요. 내 이름은 누구고, 나는
몇 살이고, 내가 좋아하는 여자의 이름은 뭐고, 이게 프롤로그
예요. 다음에 에필로그. 거적때기가 덮여져 있고, 그리고 세 명
의 친구가 서 있어요. 형사가 거적때기를 젖혀요. 아는 사람인
지 묻지만, 시체가 부패해서 친구들은 봐도 아무리 봐도 모른
다는 거예요. 그러면 형사가 거적때기로 얼굴을 덮고, 수첩에
다가 남자, 20 몇 세 가량, 신원 불명이라 쓰고 형사가 돌아서
서 떠나면, 황량한 모래바람이 불고 영화가 끝나는 거예요. 그
런데 이래가지고는 영화 자체를 만들 수 없을 것 같아요. 그래
서 앞의 프롤로그와 뒤의 에필로그를 뗐어요."[4]

2006년 4월 5일. 〈휴일〉의 시나리오작가 백결은 이 첫 장
면과 마지막 장면을 떠올렸다. 그러면서 이 영화가 죽은 자의
플래시백 구조라는 걸 알려 준다. 그런 다음 수정하였다. 그런
데 〈휴일〉에서 죽음의 자리는 완전히 지워졌는가. 이만희는 그

41

흔적을 영화에 남겨 놓았다. 순서대로 다시 이야기하겠다. 백결의 설명을 듣기 전에는 첫 장면에서 허욱의 독백을 마지막 장면의 첫 대사처럼 들었다. 물론 첫 번째 볼 때는 놓쳤고(왜냐하면 지연이 죽는다는 걸 미처 몰랐으니까), 두 번째 볼 때 비로소 그런 생각을 할 수 있었다. 하지만 그것만으로 충분하지 않았다. 백결은 먼저 하나의 가능성을 삭제하였다. 살아남은 세 사람이 떠올리는 것이다. 하지만 세 명의 친구들은 거적때기를 덮어쓰고 누운 자신들의 친구를 알아보지 못했다. 다시 처음의 자리로 돌아오겠다. "그 여인의 이름은 지연이었다. 우리는 언제나 일요일에 만나기로 되어 있다. 그날도 마침 일요일이었다." 허욱이 지연을 만나러 가는 길에 하는 독백. 그런데 만나러 가는 길에 하는 독백이 왜 과거형인 걸까. 왜 이미 만나고 난 다음에 하는 말처럼 하는 것일까. 죽음을 잠시만 밀쳐 내면 이 독백은 세 가지 가능성을 열어 준다. 하나는 지연과 이미 헤어진 지 오래전이고, 지금 그녀를 떠올리는 중이다. 대부분의 멜로드라마의 시작. 이때 이 독백은 후회의 정동이다. 미처 보지는 못했지만 〈만추〉가 그렇게 시작한다. 다른 하나는 정반대의 방향이 있다. 지금 허욱은 오래전에 헤어진 지연을 다시 만나러 가는 길이다. 아마 지금부터 왜 헤어지게 되었는지 긴 설명이 시작될 것이다. 여기에는 여러 가지 가능성이 열려 있다. 멜로드라마의 외피를 쓰고 있지만 헤어지고 다시 만나는 계기는 심리적인 설명에서 멈추지 않고 정치경제학적이거나, 혹은 구체적인 사회역사적인 사건, 또는 이따금 사용되지만 드물지는 않은 운명의 연쇄 고리가 묶이거나 풀리기도 한다. 그리고 이 설명은 대부분 중간에서 끝나고 다시 이야기가 시작된다. 나는 지금 〈길소뜸〉(임권택, 1985)을 떠올리고 있다. 마지막 하나는 허욱은 살아 있고, 지연이 세상을 떠나 그 자리가 비어 있는 상태이다. 더 만날 수 없는 사람을 떠올리면서 이제는 회복할 수 없는 잃어버린 시간의 입구 앞으로 가는 것이다. 여기서 이 독백은 상실의 시간이다. 이때 이 독백은 동시에 한쪽이 텅 빈 상태가 되어 불균형을 이루는 걸 채우려는 부질없는 노력이기도 하다. 이번에는 〈별들의 고향〉(이장호, 1974)을 떠올리고 있다. 세 편의 공통점은 신성일이 주연인 영화라는 점이다.

하나가 더 남았다. 백결은 이 이야기를 네 번째에서 시작했다. 두 사람이 모두 죽었다. 그러면 이 시간을 묘사하는 기억은 누구의 몫인가. 계산에서 남은 자의 유일한 소유물, 그런데 죽음은 기억을 소유할 권리가 있는가. 여기서 이미 계산을 되돌이킬 수 없다면 죽음 다음에 다시 되돌아와 펼쳐진 세계를 어떤 질서 아래 놓아두어야 할 것인가, 라는 질문 앞에서 어디에 우선권을 주어야 할까. 두렵지만 (어떻게 안 그럴 수 있을까) 이 세계 안으로 한 걸음만 발을 들여놓으면 더 이상 산 자들의 질서가 아닐 것이다. 그러므로 처음부터 길을 잃을 결심을 해야 한다. 〈휴일〉이 발걸음으로 시작하는 것은 그런 이유에서일 것이다. 자막이 끝나고 나면 발걸음으로 시작한다. 이때 발걸음은 걸어 보았던 걸음을 되풀이하는 것이다. 나는 이미 한 번 걸어 본 적이 있어요, 이렇게 걸어 본 적이 있어요, 이 길을 걸어 본 적이 있어요. 아니, 정확하게 똑같이 걸어 본 적이 있어요. 언제? 죽기 전에. 하지만 그걸 모르는 건 허욱 자신이다. 왜냐하면 자신이 죽었다는 걸 모르기 때문이다. 이건 한 번 더 기회를 주는 것이 아니다. 그럴 리가 없다. 이미 한 것을 다시 한 번 하면서 후회를 한 번 더 하는 이야기이다. 첫 번째를 알지 못하는 두 번째 후회. 이보다 더 후회스러울 수가 있을까. 죽음의 시간 안으로 들어가려는 걸 잠시 멈춰 세우고 그 앞에 한 장면이 더 있었다는 걸 환기하고 싶다. 성당의 종소리. 일요일의 종소리. 예배하러 오라고 부르는 소리. 하지만 영화 내내 허욱은 성당 근처에도 가지 않는다. 기도를 드리는 시늉도 하지 않는다. 그러나 허욱이 아무리 아닌 척하더라도 이 종소리가 그에게 어떤 안내의 신호를 보내는 것은 틀림없다. 죽은 자에게 다시 한 번 세상을 주마등처럼 흘러갈 기회를 주는 건 성당의 종소리고, 이 소리는 한참 뒤에 다시 한 번 찾아올 것이다. 그건 그때 이야기할 것이다.

이제 죽음의 시간 속에서 플래시백을 따라가는 방법을 익힐 차례이다. 첫 번째 방법. 나는 이 시간이 다시 한 번, 이라고 말했다. 그러므로 이 시간은 선형 진행된다. 왜냐하면 이미 가졌던 시간을 그렇게 써 버렸기 때문이다. 그렇게 말했지만, 이 선은 단 하나의 선이 아니다. 그런 다음 이 선은 다시 세 개의 선으로 갈라진다. 하나는 이미 한 것을 확실하게 다시 되풀이하는 시간이다. 그러므로 이 시간은 경험의 시간이며, 그렇다면 이 시간은 허욱에게 책임의 시간이다. 왜냐하면 자기가 그것을 했기 때문에 거기에 책임을 져야 한다. 책임이란 무엇인가. 자기가 한 일에 대해서 응답하는 것이다. 무엇이 응답하는가. 이만희 영화에서 종종 간과하는 것은 주인공들이 자신의 행위에 대해서 도덕적으로 고통받는다는 것이다. 이것은 그의 마지막 영화에서까지 머물고 있었다. 〈삼포가는 길〉의 마지막 기차역에서 그렇게 오랫동안 시간을 끌면서 영달이 백화와 헤어지지 못하는 것은 단지 그녀에게 머물고 싶어 하는 미련이나, 그녀의 미래에 대한 연민뿐만 아니라, 그녀에 관한 도덕적 판단 때문이다. 이만희의 주인공들은 윤리적 결정 때문에 고통받은 적은 한 번도 없지만, 항상 도덕적 판단 앞에서 망설인다. 다른 하나는 기억 곁에서 머물렀지만, 지금은 기억 안에 상상으로 재구성된 시간이다. 허욱은 지연과 오전 10시 부근에 다방 근처에서 만나지만 그런 다음 남산에 올라가 잠시 머물다가 병원비를 구하기 위해 돈을 빌리러 혼자 내려온다. 가여운 지연은 추운 바람이 부는데도 내내 남산에서 허욱이 돌아올 때까지 기다린다. 이때 이 모습은 허욱의 기억 속에 머무는 상상의 시간이다. 마지막 하나는 목적어 허욱을 경험하는 일요일의 시간이다. 또는 서울의 시간이다. 이걸 단순하게 무의식적으로 곁에 머문 시간이라거나 허욱이 머물던 객관적인 시간이라는 식으로 말해 버리면 거기서 이제 곧 들이닥치게 될 죽음 가까이서 배회하는 허욱, 지나치게 문학적이라면 상황 안에서 죽어 가고 있는 허욱의 상태를 놓치게 된다. 그리고 이 세 번째가 이만희의 시간일 것이다. 이만희는 허욱을 따라가면서 변화의 지표들로 감싼다. 서울의 지표. 일요일의 기호들. 어떤 지표? 아무 사건도 일어나지 않는 서울. 왜 아무 사건도 일어나지 않는가. 아무 일도 하지 않으니까. 오늘은 일요일이다. 그러므로 아무 일도 하지 않는 기호들. 아무 사건도 벌어지지 않는 서울에서 아무 일도 하지 않는 사람들 사이를 분주하게 오가는 건 허욱뿐이다. 그래서 허욱은 자신을 가로막아 서는 서울의 지표들, 일요일의 기호들을 장애물처럼 지나쳐 간다. 그때마다 지표와 기호들이 물끄러미 허욱을 바라본다. 여기서 시간은 물끄러미, 라는 부사(副詞)의 시간이다. 세 개의 시간은 서로의 선을 오가면서 때로는 시종일관 배경에서 신음하듯이 흐르는 음악 때문에 실타래가 엉킨 듯이 묶이지만, 반대로 때로는 어처구니없게도 풀려 나가서 마치 서로의 선이 상관없이 흘러가는 것처럼 보이기도 한다.

먼저 영화가 시작하기 전을 정리하고 다시 한 번을 따라가야 할 것이다. 〈휴일〉은 이미 일요일이 시작된 다음에 시작한다. 그러니까 이 죽음의 기억은 시작을 정확하게 기억하지 못한다. 하긴, 원래 죽음은 망각과 가까이 있는 것이다. 허욱은 이미 집에서 나와 거리로 나왔고, 그리고 집에 돌아가기 전에 기억의 시간은 끝날 것이다. 어쩌면 집에 돌아가지 않았을지도 모른다. 그때 전철은 원효로가 종점이었는데, 거기서 한밤중에 한강까지 걸어가기에는 너무 멀다. 물론 걸으려고 결심했다면 걸을 수 있는 거리이다. 하지만 허욱은 막차를 탔다. 곧 자정이 다가올 것이고, 통행금지의 시간이 그의 걸음을 가로막을 것이다. 다시 맨 앞으로 돌아가 보자. 이미 허욱이 집을 나섰기 때문에, 우리는 이 남자에 대해서 거의 어떤 정보도 얻을 수 없다. 그가 부모와 함께 사는지, 아니면 혼자 사는지, 그래서 고향을 떠나 서울에 온 것인지, 알 수가 없다. 그런데도 왜 허욱을 서울 사람이라고 생각하는 것일까. 만일 허욱에게 고향이 있다면 여기서 끝내지 않고 지연과 고향에 내려가는 방법이 남아 있기 때문이다. 허욱과 지연은 바보가 아니다. 만일 두 사람에게 죽음과 귀향, 둘 중의 하나, 라는 선택이 남아 있었다면 고향에 내려갔을 것이다. 1960년대 한국영화들은 그때 서울의 삶에서 실패하면, 그러니까 도시 노동자로 진입하지 못하면 마치 철수하듯이 고향으로 돌아갔다. 그때 대부분의 남자 주인공, 혹은 여자 주인공은 미래의 배우자를 전리품처럼 동반해서 원래의 장소, 그러니까 부모가 계신 곳으로 돌아갔다. 실향민이었던 유현목은 기회만 닿으면 고향을 떠올렸다. 김수용은 수없이 많은 주인공을 고향으로 돌려보냈다. 김기영은 서울에서 시작해서 대부분 그냥 서울에 끝냈다. 마찬가지로 서울에서 태어나서 서울에서 자란 이만희는 다른 방법을 거의 떠올리지 못했다. 나는 이만희의 영화를 서울에서 진행하는 영화와 서울 바깥에서 진행하는 영화로 나눠 보고 싶어진다. 그런 다음 둘 사이를 표면의 차이에서 멈추거나 대립의 자리에 가져다 놓지 말고 다시 그 둘을 셋으로 나눈 다음, 서울 안에서만 진행하는 영화, 서울과 서울 바깥을 오가는 영화, 그러니까 서울에서 시작해서 서울 바깥으로 나가거나 서울 바깥에서 서울 안으로 돌아오는 영화, 혹은 그 둘 사이를 번갈아 오가는 영화, 그 어떤 영화보다도 오가는 왕복 길이 이야기가 되는 〈귀로〉, 그리고 서울 바깥에서 내내 진행되는 영화, (나는 애석한 마음을 담고 이 부사를 앞에 달았는데) 하필이면 마지막 영화가 되어 버린 〈삼포 가는 길〉로 분류한 다음, 그 안에서 세세하게 변화의 분배를 늘어놓고, 거기서부터 다시 이만희가 펼쳐 보이는 풍경의 파노라마 안을 따라가 보고 싶다. 지금은 그럴 때가 아니다. 하지만 나는 여기서 너무 멀리 가지는 않을 것이다. 조금만 더 가정해 보고 싶다. 가난한 허욱과 지연은 커피값이 없어서 다방에도 가지 못한다. 지연의 집에 아버지가 있다는 사실은 지연이 병원에서 죽은 다음 허욱이 찾아갔을 때 알았다. 그렇다면 왜 허욱은 지연을 자신의 집에서 만나지 않고 추운 거리를 쏘다니면서 만나는 것일까. 물론 허욱의 집에서 두 사람만이 일요일의 시간을 보낼 수 없기 때문일 것이다. 그러면 집에 누가 있을 것일까. 아버지, 어머니, 혹은 두 사람 모두. 나는 이 지옥을 좀더 추론해 보고 싶다. 그렇다. 〈휴일〉은 지옥의 가장자리에 관한 영화이다. 허욱과 지연은 왜 일요일에 만나는가. 그건 남은 요일에는 일해야만 하기 때문이다. 데이트를 할 수 없을 정도의 늦은 퇴근 시간. 멈추지 말고 질문해야 한다. 그런데 왜 커피 값도 없는 것일까. 그들의 월급을 누군가 착취하기 때문일 것이다. 누군가? 아버지, 어머니, 어쩌면, 아마도 어쩌면, 병석에 누워 있을지도 모른다. 그리고, 또 어쩌면, 동생들. 가난의 만사는 질서정연한 법이다. 우리는 판잣집에 사는 지연의 아버지를 보았다. 가난에 지친 채 머리는 봉두난발이고, 면도도 하지 않은 얼굴. 아무도 찾아올 사람이 없어 그저 방 안에 누워 있다가 화들짝 놀라서 나온 게 분명한 모습. 허욱의 부모가 다를 리가 없다. 〈휴일〉이 감춰 놓은 것은 무엇인가. 아니, 감춰 놓은 것은 아닌데 당신이 외면하고 있는 것은 무엇인가. 이상하게도 이 영화를 발견했다고 말하는 21세기 한국 영화비평 담론이 완전히 놓치고 있는 것은 이 영화의 하부 토대인 빈곤이다. 빈곤이 없는 모더니즘이란 없다. 자본주의가 없는 모더니즘이란 없다. 허욱은 빈곤의 산책자flâneur이다. 같은 말을 한 번 더 쓰겠다. 허욱은 모더니즘 풍경의 산책자가 아니다. 그는 풍경을 구경할 만큼 낭만적인 부르주아가 아니다. 그는 일요일을 기웃거리는 한가로운 룸펜 프롤레타리아트가 아니다. 허욱은 사고, 병, 실업은 간신히 벗어났지만, 저임금, 장시간 노동, 집에서 기다리는 가족으로부터 빠져나오지 못한 일요일의 산책자이다. 허욱에게 유일하게 운이 좋았다면 일요일에 그가 다니는 직장은 휴일을 보장한다는 것이다. 하지만 단순히 그렇게 말할 수 있을까. 우리는 〈휴일〉에서 고상한 거짓 이미지들, 그건 이만희가 아니라 그걸 외면하려고 애쓰는 담론들이 덧칠한 것인데, 그 덧칠을 모두 긁어내야 한다. 그러므로 커피값이 없어서, 라는 시작은 빈곤의 알레고리에서 멈추지 않고 그저 상상으로만 지옥을 아는 영화(들)에게, 그저 머리로만 고통을 겪는 담론(들)에게 일주일 내내 노동으로 마비된 채로 매일매일을 보내다가 일요일에야 비로소 고통을 느껴 보는 자리로 우리를 데려가는 것이다.

죽음이 잠시 허욱의 시간을 연장하는 동안, 동안이라는 시간의 길이, 그 길이만큼 다시 한 번 반복을 허락하게 될 때, 발걸음이 가장 먼저 도착하는 곳, 그러니까 '다시 한 번'의 입구에서 기다리는 사람은 운명을 말하는 늙은 여자이다. 이제부터 허욱이 일요일 하루 내내, 아침부터 마지막 전차가 종점에 도착할 때까지, 그렇게 돌아다니게 될 길가에 앉아서 아마도 단 한 명, 허욱을 아침부터 기다리고 있던 예언자. 물론 예언자는 허욱의 '다시 한 번'의 일부이다. 이 예언자와의 만남에서 '다시 한 번'이 시작될 때 이 계산이 기묘하게 진행되고 있다는 것을 깨달았다. 허욱이 예언자를 만나는 것은 반복이지만 이 둘은 동일한 것이 아니다. 첫 번째는 예언이지만 두 번째 다시 만났을 때는 운명이 되는 것이다.

내기를 해 보고 싶다. 만일 허욱이 점괘를 믿고 그날 지연을 만나러 가는 약속을 포기하고 그 자리에서 귀가했거나, 아니면 돈을 빌리러 돌아다니면서 만난 세 친구, 자신의 시신 앞에 신원을 확인하기 위해 찾아왔던 세 친구, 그중의 한 명, 아마도 술집에서 아침부터 술을 마시고 있던 두 번째 친구일 텐데, 그 친구를 만나서 하루 종일 술을 마셨다면 자신의 운명을 피할 수 있었을까. 여기서 세 가지 순환이 있을 수 있다. 하나는 아무것도 변하지 않는 것이다. 허욱은 무책임하게 그날 일요일에 술을 마신 다음 취해서 지연을 잊고 귀가하고, 지연은 다방 앞에서 기다리다가 추위에 지쳐 귀가할 것이다. 그러면서 자신들의 상황, 그러니까 허욱은 아무것도 할 수 있는 게 없는 자신의 무능력을, 그리고 지연은 자신이 임신한 배 안의 6개월이 된 아이가 자신의 문제라는 것을 마주하게 될 것이다. 여기에는 어떤 상징도 없고, 어떤 상상도 없다. 말하자면 각자 앞에 놓여 있는 실재의 부채와 마주하게 된다. 다른 하나는 상징적 해석을 더 하는 것이다. 허욱이 약속 장소에 오지 않고 친구와 술을 마시는 동안 지연은 다방 앞에서 추위에 떨며 걱정할 것이다. 그녀가 걱정할 대상은 단 한 명뿐이다. 자신의 배 안에서 벌써 6개월이 된 아이. 여기서 탈출하는 현실 안에서의 유일한 방법은 걱정의 지위를 도약시키는 것이다. 어떤 도약? 지연이 애인의 자리를 버리고 어머니의 자리를 선택하는 것이다. 이때 지연은 어머니이자 아버지의 자리를 동시에 받아들여야 한다. 그러기 위해서는 허욱의 자리를 삭제시켜야 한다. 여기에는 상징적 계산이 있다. 간단한 공식은 지금 지연은 애인의 행복을 위해 자신을 희생하고 있다, 는 것이다. 여기서 애인의 자리를 지연과 허욱이 공동으로 소유하고 있다. 그러므로 이 자리를 삭제할 때 두 사람 모두 여기서 동시에 쫓겨나는 것이다. 하지만 둘 사이에는 차이가 있다. 지연은 삭제를 통해 이 자리에서 해방되는 것이지만 허욱은 거절당하는 것이다. 같은 말의 다른 판본. 지연은 그럼으로써 어머니의 지위를 희생의 대가로 얻게 되지만 허욱은 이 관계 외부로 자신의 자리를 상실하는 것이다. 그렇게 상징적 인연이 끊어지면 허욱에게는 공허한 심연이 기다리고 있을 것이다. 그리고 그 심연의 하부는 물론 무능력이다. 마지막 하나는 상상적인 개입이 벌어지는 것이다. 허욱이 술집에 머물면서 시간을 보내는 동안 다방 앞에서 기다리면서 추위에 지친 지연에게 돈 많은 청년이 다가와 호의를 베푸는 것이다. 그러면 지연은 이 청년에게 처음 느껴 보는 안전한 보호와 위로에 마음을 열고 새로운 사랑을 시작한다. 지연이 자신의 상황을 고백하자 청년은 지연을 사랑하는 자신을 깨닫고 받아들인다. 무슨 일이 벌어지는가. 물론 지연은 구원받게 될 것이며, 아이도 생명을 얻게 될 것이다. 그러면서 이 서사의 참혹한 순환에서 빠져나오게 될 것이다. 지연은 이제 일요일에 다방 앞에서 기다리지 않아도 될 것이다. 여기서 핵심은 무엇인가. 그렇게 해서 허욱은 자신도 알지 못하는 사이에 지연에게 올바른 기회를 제공하는 것이다. 얼핏 보면 이 세 번째 가정은 〈휴일〉을 따분한 멜로드라마로 타락시킨 것 같지만, 여기에는 중요한 진실의 가르침이 담겨 있다. 허욱은 세 번째 순환, 상상적 개입의 결과에서도 동일한 운명의 순환에서 빠져나오지 못한다는 것이다. 왜냐하면 동어반복이지만, 그러나 동어반복이야말로 운명인데. 그게 그의 운명이기 때문이다. 허욱의 운명은 무능력이다. 자신의 무능력. 이 세 가지 가정은 의미 없는 시간 낭비가 아니다. 왜냐하면 바로 그 가정의 행위를 잠시 후에 허욱 자신이 하기 때문이다. 지연이 병원에서 임신중절 수술을 받는 동안 허욱은 병원에서 기다리지 않고 밤의 어둠이 내려앉은 길거리를 쏘다닌다. 마치 그는 지연이 지금 수

술을 받고 있다는 사실을 잊어버리기라도 한 것처럼 고급 바에서 낯선 여자를 만난 다음 그녀와 술을 마시고, 또 마시고, 또 마시고, 또 마신 다음 공사장에 가서 육체적인 포옹을 한다. 이 이야기는 밤이 올 때까지 기다려야 한다.

다시 한 번은 다른 기회를 허락하지 않는다. 원래의 장면으로 돌아가자. 허욱이 길가에서 새점 치는 늙은 여자를 만나는 장면. 점을 치는 수많은 방법이 있다. 운명을 말하는 예언자는 새장의 새에게 운명을 물어본다. 새장에 갇힌 새. 운명에 갇힌 발걸음. 허욱이 무슨 수를 써도 이미 주어진 '다시 한 번'에서 달아날 수는 없을 것이다. 운명을 알려 주기 위해 자기 앞에 놓인 새장의 새가 바로 자기 자신이라는 걸 모르는 건 허욱뿐이다. 새장의 새가 고른 점괘. "여자를 가까이하지 마라, 만약 그렇지 않으면 크게 손재(損財)를 볼 것이니 몸가짐을 유의할 괘요. 젊은이, 오늘은 일요일이니 특히 여자를 조심하시오." 그러자 허욱은 복채로 5원을 주면서 말한다. "이미 5원을 손재 봤습니다." 물론 그 말은 새점 치는 늙은 여자에게 헛소리를 듣고 5원을 주게 되었으니 점괘가 맞았습니다, 라면서 자책하는 말이다. 왜 헛소리라고 생각하는가. 커피값도 없는 처지에 크게 볼 손재가 있을 리 없기 때문이다. 허욱이 놓친 두 가지. 하나는 점괘에 따르면 크게 손재를 볼 것이라고 알려 주었다. 지금 허욱이 잃은 건 고작 5원이다. 다른 하나는 점괘를 문자 그대로 읽은 것이다. 점괘는 이성의 언어가 아니다. 그 안에 숨어 있는 지식은 상형문자와도 같은 것이며, 문자들은 피조물에 관한 비밀스러운 가르침을 향하면서 방패 속에 밀폐되어 있다. 언제 방패가 깨지고 밀봉된 것이 은유로부터 상징으로 향하는가. 예언이 운명이 되는 시간. 왜 죽음이 거기서 끝내지 않고 허욱에게 '다시 한 번'의 기회를 주었을지 알 것 같다. 허욱은 그때 놓쳤다. 무엇을? 허욱은 예언은 들었지만, 그것이 운명이라는 것을 놓쳤다. 이제는 알 것이다. 점괘 위에 양피지를 올려놓고 베껴 쓰듯이 옮겨 놓겠다. "지연에게 가까이 다가가지 마라. 만일 그렇게 하지 않으면 너의 유일한 보물을 잃게 될 것이다. 그러니 너의 몸가짐을 유의하라." 너의 유일한 보물. 허욱은 하나가 아니라 둘을 잃는다. 지연과 자신의 아이. 그런데 그 둘은 서로 다른 둘이 아니라 서로 이어진 하나이다. 이때 허욱은 자신의 보물을 알아보지 못하고 하나를 버리고 다른 하나를 구하려다가 둘다를 잃는다. 그러면 허욱은 어떻게 해야 하는가. 나는 이미 세가지 순환의 가정을 제시했다. 예언 속에서 아무것도 행방불명되지 않는다. 그러기는커녕 운명의 형태로 되돌아온다. 차라리 이렇게 말하고 싶다. 허욱은 점괘를 보지 말았어야 했다. 일단 점괘는 한번 받아들면 그것을 실행하기 위하여 반드시 도착한다. 누구를 경유해서? 그것을 받아든 사람을 경유해서 계산서를 받아들게 될 것이다. 다만 그 경로를 미리 알 수가 없다. 끝

운명을 알려 주기 위해 자기 앞에 놓인 새장의 새가 바로 자기 자신이라는 걸 모르는 건 허욱뿐이다.

2장 | 그해 겨울 일요일의 낮

없이 지연되면서 머무는 문장과 반드시 실행하는 퍼포먼스 사이에서 맺어진 계약관계.

점괘를 받아든 허욱이 곧장 지연을 만나러 가는 것은 아니다. 아직 시간이 되지 않았다 "몇 시죠?" "(오전) 10시 17분 전입니다." 여기서 약속 시간의 방점은 그 시간이 아니라 약속에 영원히 도착해서는 안 된다는 것을 일깨운다. 허욱은 계속해서 거기, 그 자리, 그 시간, 전(前)에 머물러야만 했다. 그런데도 그 시간에 거기에 가기 위해 애쓴다. 아니, 그 장소와 자기 사이에 놓여 있는 시간을 낭비하기 위해 애쓴다. 만나야 할 시간. 그런데 지금 몇 시죠? 택시비를 낼 돈도 없으면서 허욱은 택시를 탄다. 약속 장소에 가기 위해서가 아니라 약속 장소 주변을 떠돌기 위해서이다. 두 번째 탄 택시에서 운전사는 다 알고 있다는 듯이 허욱에게 말한다. "간밤에 재미를 많이 보신 모양이죠?" 그러기는커녕 허욱은 지금 지연을 만나 따뜻한 커피를 마시면서 다정한 대화를 나눌 돈도 없다. 택시 안 라디오에서 노래가 흘러나오고 있다. "요즘 만나는 사람마다 모두가 피로한 얼굴입니다. 아, 일요일에 만나는 사람들은 더욱 피로하고요." 피로한 얼굴. 허욱만이 아니라 운전사는 자신의 차에 탄 승객들의 얼굴에서 피로를 본다. 물론 피로는 모더니즘의 표정이다. 여기서만 그 말을 들은 건 아니다. 사방에서 피로한 얼굴들이 나타났다. 미셸은 분주하게 오가면서 기회만 닿으면 피로하다, 고 말한다(〈네 멋대로 해라À bout de souffle〉〈장 뤽 고다르, 1960)). 증권거래소에서 일하는 피에로는 잠시 휴식을 취하면서 피로하다고 말한다(〈태양은 외로워L'Eclisse〉〈미켈란젤로 안토니오니, 1962)). 모더니즘 영화에서 피로는 여러 가지 다른 모습의 얼굴로 나타났다. 펠리니Federico Fellini 영화에서는 지루하다고 말한다(〈달콤한 인생La Dolce Vita〉〈페데리코 펠리니, 1960)). 잉마르 베리만Ingmar Bergman은 불안한 표정을 지었다(〈침묵Tystnaden〉(1963)). 토니 리처드슨Tony Richardson은 그 중간 어딘가에서 애매한 얼굴을 했다(〈장거리 주자의 고독The Loneliness Of The Long Distance Runner〉(1962)). 허욱의 얼굴에서 그들과 어떤 공명 현상을 본다. 하지만 그게 전부가 아니다. 그 피로가 허욱의 얼굴에서는 조금 달라 보인다. 어떤 차이? 허욱에게는 같은 걸 두 번 해서 피로하게 느끼는 것처럼 여겨진다. 어디에도 머물 수 없는 상태에서 마치 원형 운동 경기장을 한 번 더 돌 듯이 그렇게 트랙을 따라가면서 느껴 보는 피로. 이 길을 틀림없이 가 본 적이 있는데, 이 택시를 틀림없이 타 본 적이 있는데, 이 노래를 틀림없이 들어 본 적이 있는데, 그때 아무것도 중단시킬 수 없자 멈출 수 있는 유일한 요청을 한다. "부탁이 있습니다. 노래 좀 꺼 주시겠어요." 그런데 택시를 탄 장면에서 가장 이상한 것은 무엇인가. 택시에 타면 가장 먼저 하는 말은 목적지를 말하는 것이다. 하지만 허욱은 목적지를 말하지 않았다. 운전사는 자신이 어디로 가야 할지 잘 알기라도 하듯이 운전하면서도 목적지를 물어보지 않는다. 허욱은 잠시 택시를 멈추더니 길가의 가게에 가서 담배를 산 다음 자신이 타고 온 택시를 가리키면서 돈은 저 운전사에게 가서 거스름돈으로 받으라고 일러 준다. 그러더니 길가에 세워 둔 택시에 다가가서 운전사에게 택시비는 담배 가게 주인에게 거스름돈으로 받으라고 일러 준다. 그러고는 재빨리 그 장소를 떠난다. 그리고는 지연을 만나기로 약속한 장소로 간다. 가는 길에 담배를 피우려는데 성냥이 없다는 사실을 깨닫자 마침 길가에서 쓰레기를 모아 놓고 태우고 있는 걸 본다. 그 곁에 가서 담뱃불을 붙이자 청소부 한 명이 "형씨, 담배 하나 빌립시다"라고 부탁한다. 허욱은 담배를 건네 준다.* 그런 다음 그 곁에 서 있는 다른 청소부들에게도 아낌없이 담배를 나눠 준다.

그런 다음 육교를 건너 골목에서 비로소 지연을 만나러 간다. 지연을 만나는 첫 장면. 다방에 들어가려던 허욱은 멈춰서서 맞은편을 본다(S#16_Shot 1). 지연은 벽에 서서 기대어 바라보고 있다(Shot 2, reverse shot). 허욱이 질문한다.

---

* 1970년대까지 길거리, 혹은 어떤 장소에서 낯모르는 사람이 담배를 청하는 게 드문 풍경은 아니었다. 심지어 때로 길 가는 사람을 세워서 담배를 요청하기도 했다. 아마도 이런 장면은 영화에서뿐만 아니라 소설에서도 자주 마주쳤을 것이다. 그러므로 길거리에서 낯선 사람과 담배를 주고받는 장면은 〈휴일〉에만 있는 대목이 아니라 1968년 풍속의 일부이다. N.D.L.R.

"왜 여기 서서 기다리고 있지? 들어가지 않고."

"여기가 편해서…."

"왜, 커피값이 없어서?"

"누구도 여기서 내가 커피값이 없어서 서 있다고 생각하진
  않겠지."

"들어가자."

"커피값 있어?"

허욱이 아무 말도 못 하자 지연이 말한다.

"내 앞에서 허세를 부릴 필요는 없잖아, 언제나 털털이면서."

"하지만 올 땐 택시였어."

그러자 어둡던 지연의 얼굴이 밝아진다. 오늘은 지갑에 돈
이 있구나, 라는 반가움이 아니라 마치 둘만의 비밀 놀이에 가
담하기라도 하는 듯한 표정이다. "오늘은 어디서 내렸지?" 지
연은 아마 허욱이 돈도 없으면서 어떻게 택시를 타고 왔는지
잘 알고 있는 것 같다. 허욱도 잘 알고 있는 지연에게 설명할
필요를 느끼지 않는다. 그러면서 외투에서 담배를 찾아 꺼내
들며 말한다. "(이걸 보라는 듯이 꺼내면서) 담배, 담뱃가게, 다음
은 전매청이다." 그러자 지연은 당신이 담뱃불을 가지고 다니

지 않는다는 걸 잘 알고 있다는 듯이, 그걸 당신이 늘 잊어버리는 걸 알기 때문에 언제나 준비하고 있기라도 하듯이, 핸드백에서 성냥을 꺼내 들어서 담배에 불을 붙여 준다. 이 장면에 가장 예민하게 반응한 비평은 허문영의 글이다. 다소 길지만 음미할 가치가 있어 인용한다.[5]

… 〈휴일〉의 담배는 모호하다. 허욱은 영화가 시작되자마자 부정한 방법으로 담배 한 갑을 획득했고, 거의 매 장면마다 담배를 꺼내 문다. 그러나 그때마다 성냥이 없다는 걸 깨닫는다. 특별한 의미가 담겨 있지 않은 이 행위는 이질적인 에피소드들이 병렬되는 이 서사에서 일종의 두운(頭韻)처럼 보인다. 그런데 이 두운은 영화의 음악적 리듬에 봉사하는 데 그치지 않는다. 사실만 따지면 간단하다. 허욱이 담배를 물 때마다 성냥을 찾아 주머니를 더듬는 것은 지금 자신에게 성냥이 없다는 것을 잊었기 때문이다. 그런데 이 거듭된 망각의 효과는 기묘하다. 허욱은 조금 전의 자신을 부분적으로 기억하지 못한다. 그는 매 장면에서 마치 처음으로 진입한 것과 비슷한 상태로 도착하는 것이다. 허욱의 문제는 가난 이전에 자기 부재이다. 주인공 개인의 차원이 아니라 서사의 차원에서라면, 이 영화의 매 장면은 앞 장면을 잘 기억하지 못한다고 말할 수 있다. 붕괴 직전의 자기 동일성, 붕괴 직전의 서사적 연관성이라는 사태

가 여기에 있다….

남산에 올라간 허욱과 지연,
30개의 숏

두 번째 방법은 장소의 지리학이다. 이때 두 번째 방법은 첫 번째 방법과 서로 연결해서 서로 교대하면서 서로를 고쳐 나가야 한다. 〈휴일〉은 1968년 서울에서 함께 살았던 관객들에게도 그 장소가 머리 안에서 지도처럼 펼쳐지지 않을 것이다. 허욱이 처음 약속 장소로 향하던 장소가 동대문운동장이라는 건 알겠다. 그런 다음 택시를 타고 이동한다. 하지만 여기가 어딘지 모르겠다. 왜냐하면 두 사람은 다방 앞 골목에서 만났기 때문이다. 지연을 만나고 다음 장면은 남산에 자리 잡은 남산도서관 부근으로 옮겨 간다. 아직 남산에는 남산 어린이회관이 지어지기 전의 일이다. 그리고 이듬해 남산타워를 착공하였기 때문에 허욱과 지연은 케이블카를 탈 기회가 없었다. 아니, 있었다 할지라도 타지 못했을 것이다. 허욱에게는 커피값도 없기 때문이다. 이만희는 허욱과 지연이 어떤 길을 따라 남산에 올라갔는지를 알려 주지 않는다. 틀림없이 걸어 올라갔을 텐데 두 개의 선택 중의 하나일 것이다. (허욱을 흉내 내자면) 다시 한 번 말하지만 두 사람이 택시를 타지는 못했을 것이다. 하나는 남대문에서 도로변을 따라 걸어 올라가는 것이고, 다른 하나는 숭의음악당 방향으로 골목길을 따라 올라가는 것이다. 구태여 여기서 머뭇거리는 것은 지연과 함께 남산에 올라간 길을 죽음의 시간 안으로 들어서자 다시 한 번 복기하면서 허욱은 왜 기억에서 지워 버렸느냐는 것이다. 물론 미학적으로 설명하는 것은 간단하다. 〈휴일〉은 그 많은 길을 돌아다니면서 이상하게도 오르막길을 따라 사선으로 올라가거나 내려오지 않는다. 그래서 허욱의 길은 상승하거나 하강하지 않는다. 서로 연결하는 길이 없는 두 장소. 하지만 이 도식적인 설명은 위험하게 느껴진다. 자칫하면 상승하여 도착한 남산과 하강하여 내려온 서울 시내를 이분법적으로 분리하고 난 다음 여기에 해석적 코드를 활용하고픈 유혹을 느끼게 만들기 때문이다. 게다가 이만희는 부분적으로 이 두 장소를 분리해 놓은 다음 남산을 부자연스러울 정도로 '연출의 터치'를 했다. 남산에 올라가서 서울을 내려다보는 두 가지 방향이 있는데 하나는 명동을 거쳐서 종로를 바라보는 방향이고, 그러니까 북쪽으로 보는 것이고, 다른 하나는 해방촌 방향을 거쳐 한강 쪽을 보는 방향, 그러니까 남쪽을 보는 것이다. 그리고 그 둘 사이에 있는 남영동에서 삼각지 방향에 이르는 서쪽이 바라보이지만, 그 방향을 바라볼 수 있는 위치는 제한적이다. 남산은 계속해서 조경공사를 했고, 새로운 도로를 만들었기 때문에, 지금의 남산에 올라가서는 1968년의 남산을 떠올리기 힘들다. 물론 남산은 처음부터 거기 있었고, 서울보다 먼저 거기 있었고, 이만희는 여기 살면서 내내 거기 있는 남산을 보았을 것이다. 이상한 설명을 하겠다. 서울에 살면 사대문 안쪽 어디서나 남산이 보이지만 부산에 살면 바닷가에 가야만 바다를 볼 수 있다. 이번에는 이상한 질문을 하겠다. 왜 이만희는 이 가난한 연인을 데리고 남산에 올라가야 한다고 생각한 것일까. 거기에 무언가 보아야 할 것이 있는 것도 아니다. 거기서 만날 누군가 있는 것도 아니다. 거기서 무언가 할 말이 있기 때문도 아니다. 게다가 지금은 남산에 올라가기에 좋은 계절이 아니다. 산 위에 쉴 사이 없이 부는 모래바람. 겨울이 이미 가까이 다가왔다. 허욱은 거기에 무엇이 있기 때문에 여기에 지연을 데리고 올라온 것일까. 주의 깊게 읽어 주길 바란다. 나는 고의적으로 하나의 문장 안에 거기와 여기를 한 장소, 남산을 가리키면서 모두 사용했다. 거기이자 여기인 장소.

질문을 바꿔야 한다. 그것을 보지 않는 유일한 방법은 거기에 있는 것이 아니라 여기에 있는 것이다. 만일 남산을 보지 않기 위해서 남산에 올라왔다면 어떻게 하겠는가. 그러면 다음 질문을 할 것이다. 왜 남산을 보지 않는 게 중요해졌는가. 여기서 예언하는 새가 찾아낸 허욱의 점괘를 다시 가져와야 한다.

〈휴일〉 전체를 지배하는 것은 이 점괘이다. 이 영화 안에서 그보다 중요한 문장은 없다. "여자를 가까이하지 마라…." 예언은 어떻게 집행되는가. 대답으로서의 질문. 〈휴일〉에서 허욱이 내내 하는 일은 무엇인가. 그는 지연을 자신에게서 떼어 놓고 핑계를 대면서 내내 혼자 돌아다닌다. 허욱과 지연이 이 영화의 주연이라고 말했지만, 지연을 이 영화에서 보는 신scene은 절반도 되지 않는다. 한 번 더, "여자를 가까이하지 마라…." 이 말이 사실은 허욱이 하고 싶었던 말이라면 어떻게 하겠는가. 사랑은 의미의 계열에서 속임수에 속한다. 그걸 우리에게 가르쳐 준 사람은 모차르트이다. 오페라 아리아에서 그걸 부르고(《코지 판 투테Così fan tutte》) 또 부르며(《피가로의 결혼Le nozze di Figaro》) 바보들은 그걸 모르지, 라고 푸념한다. 어떤 속임수? 거짓, 때로는 부정, 그리고 곤경, 대부분은 성가신 것의 계열. 지연이 그렇게 사랑하는데 왜 허욱은 도망치려고 하는가. 이 사랑의 가면 밑에 무엇이 있기 때문이다. 무엇? 왜 반문하는가. 당신은 묻지 않아도 대답을 잘 알 것이다. 지연의 임신. 이미 6개월이나 된 아이. 물론 허욱은 지연을 사랑한다. 나는 그 사랑을 의심하지 않는다. 하지만 이 사랑의 영역 안에 또 다른 사랑의 의무가 들어설 때 허욱은 그 무게를 감당하지 못한다. 당신은 〈휴일〉이 빈곤의 영화라는 사실을 반복해서 환기해야 한다. 아니, 내내 떠올려야 한다. 멋있는 말, 고상한 개념, 근사한 용어 따위는 집어치우고 지옥의 그림자 아래 이 가련한 연인의 발걸음이 얼마나 무거운지 세어 보아야 한다. 이때 허욱은 사랑에 가까이 다가가면서도 의무로부터는 뒷걸음질 치면서 거리를 유지하려고 한다. 이 사이에 무엇이 텅 빈 간극을 벌려 놓고 있는가. 물론 그것은 허욱의 죄의식이다. 이제 피로의 심연에 무엇이 있는지 알겠다. 지난 일요일보다 오늘이 더 피로하고, 오늘보다 다음 주 일요일이 더 피로할 것이다. 왜냐하면 지연의 몸은 더 무거워질 것이기 때문이다. 둘 사이의 비례. 여기서 이 비례의 비유가 생겨난다. 임신하면 사용하는 상투적인 표현. 만삭이 가까이 오면 남산처럼 배가 커졌다, 라고 말한다. 지연의 배가 남산처럼 커지고 있다. 허욱은 남산처럼 배가 커지고 있는 지연을 데리고 남산에 올라온다. 〈휴일〉은 희극이 아니다. 내가 어떻게 죽음 이후 다시 한 번, 임신하여 이미 6개월이 된 몸을 이끌고 남산까지 걸어 올라온 지연과 그 곁에서 피로한 얼굴을 하는 허욱을 향해서 웃을 수 있을까. 그런데 웃음소리가 들리는 것 같다. 누가 웃는 것일까. 이만희의 웃음소리. 누구를 향해서 웃는 것일까. 어처구니없는 허욱. 왜 어처구니가 없을까. 한 말을 한 번 더 하겠다. 이것은 다시 한 번 하는 이야기이다. 허욱의 바보 같은 세 가지 결정. 이 찬바람이 부는 겨울날 볼 게 아무것도 없는 남산에 데이트하러 올라온다. 임신한 지 6개월이 된 지연을 데리고 남산에 걸어 올라온다. 그런데도 남산에 걸어 올라온 허욱이 지연에게 도대체 무얼 하려는 건지 보기 위해서 이만희는 따라 올라온다. 그런데 남산에 올라와서 허욱은 아무것도 하는 일이 없다. 허욱의 어처구니없는 세 번째 결정. 그러더니 허욱은 지연을 남산에 남겨 놓고 혼자 내려간다. 남산에 배가 남산만 해져 가는 지연은 혼자 남는다. 이때 허욱은 남산을 떠난 것일까. 지연을 떠난 것일까. 그러면서 남산과 지연은 비유의 차원에서 겹친다. 지연은 남산에 대한 은유의 대상이 되고, 남산은 지연에 대한 환유의 일부가 된다. 이때 비유는 잔인해진다. 허욱은 남산과 지연 사이의 대화가 은유적 압축이나 환유적 전치로 머물기를 바랄 것이다. 매일 보는 남산. 일요일마다 보는 지연. 나는 매주 당신께 질문합니다. 그런데 왜 당신은 대답하지 않나요, 하나의 기표가 계속해서 미루고 또 미루어진 상태로 머무르고 있다. 기의를 억누르면서, 그저 걱정만 하면서, 그래도 아직은 내 앞에 나타나지 않았다는 사실에 안도하면서, 기표와 기의 상태를 분리해서 마치 기의 없는 기표처럼 다루려고 애쓴다. 그렇지만 멈추지 않고 매일 자라고 있다. 실재가 비유 속으로 침입할 것이다. 끝없는 유예. 하지만 언제까지 그러지는 못할 것이다. 끝없는 연기, 하지만 이미 한계는 처음부터 주어져 있다. 지속적인 유보. 하지만 그건 다음 주에 되돌아올 것이다. 이때 기표는 유예, 연기, 유보의 유희 안에 들어와서 순환할 것이다. 그렇게 되면 이 기표의 유희가 농담의 순환이 아니라면 달리 무엇이겠는가. 농담이라고 했나요? 그렇다. 분명히 거기 기의가 머물고 있는데 기표만을 가지고 놀이를 하고 있다. 그때 기의는 농담 취급을 당하는 것이다. 하지만 일단 한번 시작하면 순환은 비용을 요구할 것이다. 기표의 경제학에서 비용을 무엇으로 지급해야 하는가. 농담의 대상물. 하지만 농담 속을 떠도는 억압된 불만을 내내 가리지는 못할 것이다. 하나가 다른 하나의 비유로 머물 때 그 사이에는 작업 과정이 있었다. 하지만 비유의 대상이 눈앞에 나타나서 작업을 중단시킬 때 분리선은 무너지고 대상은 억압된 상태로 머물지 않는다. 남산은 거기 있어야 했다. 그렇지 않다면 지연은 거기 있어야 했다. 그런데 지연이 여기에 있다. 그러면 남산을 어떻게 없앨 수 있는가. 물론 그럴 수는 없다. 그러면 없애지는 못하겠지만 거기에 가면 남산을 보지 않을 수는 있다. 남산에 올라가야 한다. 그러므로 "여자를 가까이하지 마라…"는 이렇게 다시 읽을 수 있다. "가까이 있는 여자를 멀리하라…." 허욱은 남산을 보지 않기 위해 남산에 지연을 데리고 올라온 다음 남산에 지연을 남겨 두고 혼자 내려온다. 그걸 바라보면서 이만희는 남산까지 따라 올라온 자신이 어처구니없어서 웃는다. 오해하면 안 된다. 사랑이 우스운 것이 아니다. 점괘가 시키는 대로 행하는 허욱이 우스운 것이다.

남산에 올라왔을 때 이만희는 백결이 쓴 초고에서 한 문장을 가져왔다. "… 그러면 형사가 거적때기로 얼굴을 덮고, 수첩에다가 남자, 20 몇 세 가량, 신원 불명이라 쓰고 형사가 돌아서서 떠나면, 황량한 모래바람이 불고 영화가 끝나는 거예요." 황량한 모래바람이 불다. 이만희는 이 문장을 익사체가 발견되는 강변에서 남산으로 옮겨 놓았다. 허욱이 서울 시내를 떠돌 때는 불지 않던 모래바람이 남산에 올라오자 불기 시작한다. 이 바람은 '연출한' 바람이다. "… 남산 장면에서 바람이 많이 부는데요, 자연풍인지 강풍기를 쓴 것인지?" "강풍기를 썼어요. 앞은 바람이 많이 부는데, 뒤의 나뭇잎들은 가만히 있잖아요(웃음)."[6] 정확하게 말하면 모래바람이 분다기보다는 모래바람 소리가 들린다. 물론 모래바람이 불긴 하지만 모래바람 소리와 이미지는 서로 불균형일 만큼, 마치 사운드 녹음이 과장되게 녹음된 것처럼, 그렇게 이미지를 덮어쓴다.

남산은 계단으로 시작한다(S#17+18_Shot_1). 어딘지는 알 수 없다. 다만 바람이 분다는 것은 알겠다. 계단 위로 낙엽이 날린다. 물론 이 숏의 앞 장면, 골목 다방 앞에서 허욱이 담배를 피우며 주변을 올려다보면서(low angle) 마치 올라갈 데가 있다는 것처럼 올려다볼 때 암시를 받을 수도 있다. 하지만 이 장면은 다음 장면이 남산에 올라갈 것을 암시하기보다는 남산을 먼저 보여 주고(master shot) 두 사람이 여기에 도착했다는 걸 설명하는 대신 허욱에서 허욱과 지연을 올려다보는(low angle) 장면을 바라보는 위치(camera_set up)의 리듬으로 연결한 것으로 보인다. 여기서 두 개의 신의 끝과 시작은 연결의 문제이다. 그러면 두 가지 질문이 따라온다. 왜 남산의 전경을 보여 주지 않는 것이 중요했는가. 나는 그걸 이미 설명했다. 남산은 거기 있지만 보지 않고, 허욱은 남산에 올라오기 전에 남산을 바라본 적이 없고, 지연을 혼자 남겨 두고 내려온 다음에도 남산을 바라본 적이 없다, 그리고, 남산은 여기 있기 때문에 보이지 않는다. 두 번째 질문. 골목 다방 앞과 남산에 올라온 허욱과 지연 두 사람을 어떻게 연결시키는가. 남산까지 걸어 올라오면서 허욱과 지연은 아무 대화를 나누지 않은 것 같다. 두 사람은 사이 좋게 손을 잡고 남산에 올라오지 않았다. 사랑하는 사람의 손을 잡지 못하는 것은 무언가 잘못한 것이 있기 때문이다. 지연이 앞서 걸어가고 허욱이 뒤에 따라온다. 옆에 나란히 걸어가지 못하는 것은, 눈길을 피하거나, 아니면 질문을 피하기 위해서일 것이다. 방점은 피하다, 에 있다. 왜 피하는가. 일단 한번 질문이 시작되면 결국 대화는 파국을 맞이할 것을 알기 때문에 시작하지 않기 위해서이다. 그래도 걸어가면서 지연은 허욱이 자신의 뒤를 따라오는지 확인하기 위해 뒤돌아보지 않는다. 최소한의 신뢰. 나를 버리고 가 버리지는 않을 거야. 나는 지금 이 사람을 의심하고 있지는 않아. 그렇게 서울 시내에서 걸어서 남산까지 걸어 올라왔다. 그런데 여기까지 걸어 올라오면서

2장 | 그해 겨울 일요일의 낮

지연은 허욱에게 눈길 한 번 주기 위해 뒤돌아보지 않았던 것 같다. 허욱은 지연의 등을 바라보면서 걸어 올라왔다. 일주일에 한 번 만나는 사람. 남산의 첫 장면을 이렇게 시작할 때 이 숏은 골목 다방 앞에서 남산까지 이어지는 거리의 생략이 아니라 심리적 지속 상태에 놓인 두 사람의 시작과 끝을 이어 붙인 것이다. 그래서 남산의 풍경이 아니라 처음에는 어딘지 알 수 없는 계단에서 시작한 것이다. 계단은 걸어 올라가야 한다. 남산을 걸어 올라왔다. 두 사람이 걸어 올라온 걸 잘 알기라도 한 것처럼, 계단을 따라 남산 길가로 시선을 돌렸을 때(pan), 화면은 텅 빈 채 두 사람이 도착하기를 기다린다. 허욱과 지연은 잠시 후에 화면 안으로(frame in) 들어온다.

그러면 남산에 두 사람이 도착하자 어떻게 시작하는가 (S#19_Shot 1). 풍경이 아니라 회색빛 하늘을 배경으로 해서 대사를 시작한다(two shot_ low angle_ knee shot). 둘로 나누어진 사이를 연결하는 통로, 는 대사이다. 허욱은 침묵을 더 참을 수 없다는 듯이 잠시 멈추어 선 지연을 앞질러 가서, 하지만 일정한 거리만큼 떨어져서, 그 곁에 선 다음 말한다. "왜? 기분이 상했어?" 남산에 올라와서 하는 두 사람 사이에서 나누는 첫 말. 지연은 그 말을 한 허욱을 물끄러미 바라보더니 고개를 가로저은 다음 등 뒤로 걸어가 버린다. 당신도 내가 왜 아무 말을 하지 않고 있는지 아시잖아요. 왜 당신은 그 이야기를 꺼내지 않나요. 내가 무슨 말을 듣고 싶어 하는지 알고 계시잖아요. 하지만 지연은 그 말을 하지 않고 화면 왼쪽 바깥으로 나가 버린다. 그래서 그 말은 바람 속으로 실려 가 버린다. 두 사람은 아무 말 없이 다시 걷는다(Shot 2). 그런데도 화면은 소란스럽다. 화면 안에서는 바람 소리가 크게 들리고, 화면 바깥에서는 금방이라도 울 것 같은 음악이 더 크게 들린다. 이때 화면 바깥의 음악은 지나치게 두 사람의 마음을 잘 알고 있는 것 같다면 화면 안의 바람 소리는 지나칠 정도로 무관심하게 마치 두 사람의 대화를 방해하기 위해서라는 듯이 사나운 소리를 낸다. 여전히 일정한 거리만큼 떨어져서 걸어가는 허욱과 지연을 쇠창살 너머에서 바라본다. 지연은 뒤에 허욱이 따라오고 있는 걸 잘 알고 있지만 아무 관심도 없다는 듯이 걸어가면서 창살 너머의 키 작은 나무들을 바라본다. 허욱도 지연의 뒤를 천천히 따라가다가 빠른 걸음으로 지연을 앞질러 간다. 두 사람 뒤에서 배경이 지워질 정도로 거세게 모래바람이 분다. 이때 이만희는 강풍기를 두 사람이 걸어가는 방향 뒤편에 세워 놓았다. 그래서 두 사람이 바람 속을 걸어간다기보다는 바람에 떠내려가는 것처럼 보인다.

모래바람은 무엇인가. 물론 거기에 무슨 의미가 있는 것은 아니다. 거기서 무언가를 애쓰려고 할 때마다 좌절할 것이다. 그리고 바로 그것을 위해서 그렇게 부는 것이다. 산에 올라왔고, 지금은 겨울이 가까이 다가왔다. 그러니 그건 이상한 일이 아니다. 하지만 장소의 표시이거나 계절의 신호라고 부르기에는 지나치게 바람이 불고 있다. 선명한 표시. 과잉하는 신호, 그렇지만 모래바람이 화면 안에 있잖아요. 아니다. 그런 것이 아니다. 모래바람은 영화 안에서 하나의 의미를 갖는 것이 아니라, 영화 바깥에서 영화와 관계 맺는 세상의 상태이며 개입이다. 그래서 허욱과 지연의 심리적 드라마의 진행을 보려는 우리들의 주의를 분산시키고, 반대로 심리적 드라마의 진행을 방해하기 위해 '영화 안에서'가 아니라 '영화 안으로' 부는 것이다. 만일 지금 아무 바람도 불지 않고 고요하다고 가정해 보자. 그러면 우리는 금방 남산을 잊고 두 사람 사이에서 이제 곧 시작한 대화, 그 사이를 번갈아 오가는 미세한 표정, 둘 사이를 연결하는 어떤 손짓, 서로 다른 속도로 두 사람의 망설이는 발걸음 하나하나에 주의를 기울이면서 의미를 부여하고 거기서 심리적 해석을 부여하고 싶어질 것이다. 모래바람은 이 모든 노력을 중단시키고, 그저 궁지에 몰린 두 사람이 허허벌판처럼 보이는 산 위에서 소리와 음악이 만들어 내는 시청각적 기호의 상황에 놓여 있음을 마주하게 만든다. 또 다른 질문이 남아 있다. 모래바람이 불자 화면 일부가 지워져 버린다. 단지 배경만이 지워지는 것이 아니라 이따금 허욱과 지연도 잘 보이지 않는다. 그래서 이따금 두 사람이 어디에 있는지 화면을 두리

번거리게 된다. 문학적으로 설명하는 것은 쉬운 일이다. 두 사람은 모래바람 부는 영화 화면 위에 가까스로 존재하는 인물이다. 하지만 그것만으로는 영화로 번역되지 않는다. 다시 한 번 모래바람이 불지 않는 상황을 먼저 떠올려 보자. 그런 다음 모래바람이 불자 영화의 문법에 무슨 일이 생기는가. 마주 보면서 서로 나누는 대화의 분할을 자연스럽게 따라가는 대신 바람을 등지고 서서 말하게 된다. 그래서 좀 더 자세히 다가가서 보려고 하면 감정에 영향받은 표정의 연기 대신 바람에 얼굴을 찡그리면서 말하는 얼굴을 보게 될 것이다. 허욱은 모진 바람결을 의식하면서 얼마나 자주 얼굴을 찡그리는가. 가끔은 사랑의 감정을 담은 말을 하다 말고 바람에 얼굴을 피하거나 숙일 것이다. 지연은 가끔 대사의 감정 때문이 아니라 바람 때문에 얼굴을 떨군다. 아무것도 방해하지 않은 채 오직 심리적인 흐름에 몸을 맡긴 발걸음의 속도는 바람이 늦추거나 반대로 바람에 밀려나듯이 걸어가게 될 것이다. 이만희가 모든 장면에서 강풍기를 돌린 것은 아니지만 계속해서 모래바람을 일으킨다. 그리고 스튜디오로 돌아와 녹음실에서 바람 소리를 향해 더 크게, 더 크게, 음악을 향해 더 크게, 더 크게, 라고 외치는 소리가 들리는 것만 같다. 왜 그렇게 하는가. 그러자 남산 위의 시퀀스 전체에서 진행하는 감정의 디테일, 간단하게 감정선이 끊어진다. 그러면서 이상할 정도로 드라마의 산문적 성격이 사라지고 소멸의 대가로 얻어낸 것, 문법이 부서져 나가면서 가까스로 견디면서 들려주는 바람 소리와 음악과 숏들 사이의 불협화음, 종종 정확하지 않기 때문에 얻게 된 모호함, 그 과정에서 모습을 감춰 버린 순간들, 어떤 순간들, 있어야 하는데 하여튼 모래바람 속에 숨어 버린 순간들, 종종 애처롭다기보다는 몹시 심하게 불어서 두렵게 느껴지는 모래바람의 폭력적인 상황, 그 상황 안에서도 개의치 않는다는 듯한 거짓 친숙함, 그러자 그들 사이에서 감돌면서, 이 모든 것들을 바탕으로, 화면 위에서 시적인 감흥이 떠돌기 시작한다.

아마도 다음 장면이 이 모든 설명을 대신할 것이다(S#20_Shot 1). 허욱과 지연이 걸어오는 모습을 바라본다(high angle_long shot). 모래바람에 금방이라도 두 사람이 날아가 버릴 것만 같다. 그러면서 모래 먼지에 화면 일부가 지워져 잘 보이지 않는다. 아니, 이 숏은 시작하면 지나가는 모래바람에 한쪽에서 다른 한쪽으로 화면을 지우는 것처럼 보이기까지 한다(wipe out). 이만희는 앞 장면과 다음 장면을 연결하지 않았다(Shot 2). 앞서가던 허욱은 돌아서서 지연을 멈춰 세우면서 짜증스럽다는 듯이 질문한다. "왜 아무 말도 하지 않는 거야. 그 표정은 뭐야?" 이 장면의 이상한 점. 갑자기 모래바람이 사라졌다. 그리고 잠시 잊어버린 것처럼, 화면 안의 바람 소리가 사라졌다. 남은 것은 화면 바깥의 음악뿐이다. 자연은 고개를 들어 말없이 허욱을 바라본다(Shot 3). 잘 알잖아요, 내가 왜 아무 말이 없는지, 당신은 잘 알잖아요, 내가 하고 싶은 말이 무엇인지, 아니, 당신이 해야 할 말이 무엇인지. 물론 허욱도 잘 알고 있다. 자신이 해야 할 말. 마치 대신 대답하기라도 하는 것처럼 다시 모래바람이 불기 시작한다. 허욱은 지연을 바라보다가 고개를 숙이고 옷깃을 올린 다음 남산 아래 풍경이 내려다보이는 쪽을 향해 걸어간다(Shot 4). 그리고 거기 선다. 지연이 뒤따라와서 선다(Shot 5). 둘 사이에 기둥이 서 있다. 오른쪽으로 걸어와서 허욱은 정면보다 조금 아래, 그러니까 약간 고개를 떨구고 서 있는데, 지연이 뒤따라 기둥을 중심으로 왼쪽에 기대어 서서 90도 직각 방향으로 등 돌리고 선다. 두 사람은 서로 말없이 자기 앞만을 바라본다. 다음 장면(Shot 6). 지연을 정면으로 바라보자 이번에는 허욱은 얼굴의 절반만 보인다(profile shot). 단지 이 장면이 구도에서 조형적이라거나 기둥을 사이에 두고 두 사람 사이에서 대화의 단절이 이어지고 있다는 설명으로는 부족하다. 그런 다음 지연의 얼굴을 절반만 보여 주고(Shot 7, profile shot) 다시 허욱을 본다(Shot 8). 아무 대사도 나누지 않는 두 개의 장면. 물론 두 사람은 각자의 앞을 바라볼 뿐이다. 여기서 지연은 왜 그런 자세로 서는가. 허욱의 시선을 회피하기 위해서이다. 마치 이 자세는 사랑에 빠진 지연이 나는 당신 곁에 있지만, 당신이 바라보는 곳에 있지 않습니다, 라는 응답처럼 보인다. 그러므로 당신이 나를 사랑한다면 내가 보이는 장소에 와야 합니다. 지금 두 사람은 남산에 올라왔다. 나는 남산과 지연 사이의 관계를 길게 설명했다. 허욱은 남산을 보지 않기 위해 여기에 왔다. 지연은 허욱에게 말하는 것처럼 보인다. 나를 보셔야 합니다. 당신의 아이를 보셔야 합니다. 나는 당신을 사랑하는 대상이 아니라 당신에게 사랑받는 대상이 되기를 원합니다. 이때 지연과 허욱의 얼굴을 번갈아 절반씩 보여 주는 것은 두 사람이 지금 말하지 않고 있는 절반이다. 얼굴은 표면이자 심연이다.

　허욱과 지연은 자리를 옮겨 나무 아래로 간다(S#21_Shot 1). 나무는 이미 잎이 떨어진 지 오래이다. 지연이 미루어 둔 말을 시작한다. "무슨 얘기부터 시작할까요. 우리들의 현재에 대해서? 미래에 대해서? 결혼식은 교회당에서 할까요? 드레스는 뭘로 할까요? 아이는 둘만 낳기로 할까요? 아니, 너무 적겠죠. 역시 셋이 좋겠죠. 집은 빨간 벽돌집(Shot 2). 마당에는 꽃을 심어야죠. 채송화, 백합, 장미, 그리고 또 뭐예요? 뭐예요? 말해봐요(Shot 3). 왜 말이 없어요." 지연의 대사를 옮겨 쓰면서 충분히 묘사하지 않은 것은 동선과 카메라의 이동이다. 허욱과 지연이 나무 아래 서 있을 때 바라보다가(low angle) 지연이 말을 시작하자 허욱은 나무가 서 있는 장소에서 조금 낮은 아래 수평으로 이어지는 길로 내려선다. 그리고 그 길을 따라 걸어간다. 지연은 윗길에서 따라가면서 자기 말을 이어 간다(pan shot).

그런 다음 허욱은 다른 나무 아래 둥지에 앉아서 지연을 올려다본다. 화면은 주고받지만(shot_reverse shot) 허욱은 말이 없다, 허욱은 올려다보고(low angle) 지연은 내려다본다(high angle). 아무 말 하지 않는 허욱을 날려 보내기라도 할 듯이 바람이 분다(Shot 4). 모래바람이 모질어서 허욱은 눈을 가늘게 뜨고 깜빡거린다. 이때 이 장면은 지연이 허욱을 바라보는 숏이다. 이 숏에는 대사가 없다. 이 장면 앞까지 지연은 등 돌리고 서서 하소연하듯이 말했다. 그리고 말을 마치자 돌아보았다. 지연이 내려다보는 허욱은 어떤 표정을 지었는가. 지연의 말과 허욱의 표정은 전혀 호응하지 않는다. 마치 방금 잠에서 깬 것처럼, 눈을 깜빡거리면서, 올려다본다. 그때 허욱의 표정에 호응하기라도 하듯 모래바람은 더 모질게 불고 바람 소리는 더 커진다. 그래서 바람 소리 때문에 허욱이 지연의 하소연을 듣지 못한 것이 아닐까, 라는 걱정마저 하게 된다. 나는 지연을 놀리기 위해서 이렇게 말하는 것이 아니다. 이 장면의 이상한 효과는 지연의 하소연을 허욱은 듣지 않고 있는데 우리만 듣고 있는 것만 같은 효과를 불러일으킨다는 것이 핵심이다. 다시 한 번 일깨우고 싶다. 허욱은 지연과 일정한 거리만큼 떨어져서 남산에 걸어 올라왔다. 거기를 보지 않기 위해 여기에 왔다. 남산에 올라와서 손을 잡기는커녕, 바람이 이렇게 불고 날이 이렇게 추운데도, 안아 주기는커녕, 두 사람의 동선은 단 한 번도 사이좋게 나란히 함께 걸어 본 적이 없다. 그런 다음 기둥에 기대어 서서 서로 다른 곳을 보았다. 허욱은 지연을 가까이하지 않기 위해 애쓰고 있는 것처럼 보인다. 아침에 만난 점쟁이의 점괘에 따르면 "여자를 가까이하지 말라…"고 했다.

다시 허욱과 지연은 자리를 옮긴다(S#22_Shot 1). 허욱은 서울 시내가 내려다보이는 벤치에 쭈그리고 앉는다. 이 자세는 방금 전 나무 아래 앉아 있던 허욱을 그대로 옮겨 놓은 것처럼 보인다. "미안해요." "한 가지 분명히 알고 있는 게 있다. 난 바보다." 앉아 있는 허욱의 등 뒤로 와서 지연이 안아 준다. 한 번 더 말하겠다. 남산에 올라와서 처음 안아 주는 건 허욱이 아니라 지연이다. "어느 쪽도 바보는 아니에요. 이유가 있다면 다 같이 빈털터리인 거예요."(Shot 2) "난 언제나 거짓말을 했다." 그런 다음 허욱은 자신이 왜 바보인지 넋두리를 하듯이, 변명하듯이, 긴 이야기를 늘어놓는다. 지연은 눈물을 흘리면서 그 말을 부정한다(Shot 3). "바보라도 좋아요, 단지 바보라고 생각하지 말아요, 우리." 그런 다음 지연은 다시 허욱에게 안긴다. 같은 말의 다른 말. 허욱은 지연을 안아 주지 않는다.

갑자기 다음 장면은(S#23_Shot 1) 멀리서, 지나치게 멀리서, 단지 멀리 떨어져 있는 정도가 아니라, 할 수 있는 한 멀리, 그렇게 멀리서 바라본다(extreme long shot). 다시 장소를 옮겨서 두 사람을 보잘것없게 만드는 커다란 건물 곁에 서 있는 모습을 바라본다. 이 조형적인 구도에서는 누구라도 안토니오니의 영화 장면이 떠오른다. 하지만 안토니오니와 이만희의 친화성을 다루는 것은 이 글의 목표가 아니다. 몇 가지만 간단하게 지적하겠다. 안토니오니는 종종 영화 이미지라기보다는 영화를 멈춰 세우고 스틸사진처럼 찍을 때가 있다. 이만희는 그런 순간이 인상적이었던 것 같다. 이 장면은 점처럼 작지만 움직이고 있는 허욱과 지연의 동선이 없었더라면 영화라기보다 스틸사진처럼 보였을 것이다. 그때마다 안토니오니는 모던한 삶이 지닌 구체성을 상실한 도표와도 같은 추상적인 상태를 불러냈다. 이만희는 여기서 드라마의 도피라고 할까, 말하자면 진행하던 영화 바깥에 순간적으로 나갔다가 되돌아오기 위해서 그렇게 한다. 이때 충분히 짐작할 수는 있지만, 시간의 접힘, 대화의 생략, 어쩌면 우리가 놓쳤을지 모르는 어떤 도약이 있다. 다시 장소를 옮겨서 허욱과 지연이 서서 대화를 나누는 다음 장면을 9개의 숏으로 나누어서 진행한다.

"그럴 수는 없어. 그런 짓을 할 수는 없어."

"부탁이에요, 기다릴 필요 없어요. 기다려 봐야 아무것도 해결되지 않아요. 누구도 도와주진 않아요. 우릴 위해 줄 사람은 아무도 없어요, 우리 손으로 해결하는 거예요. 더 이상 숨길 순 없잖아요. 벌써 6개월 째예요."

"그러나 그 일 때문에 병원 신세를 지고 싶진 않아."

"이해해요."

"이해하고 있대도 두려운 거야. 나를 만나는 게, 그렇지? 나와 같이 있는 게 두려운 거야."

"아니에요."

"난 다 알고 있어."

"아니에요."

"정말이야."

"아니에요. 다른 사람들 눈에 발각되는 게 두려워선 아니에요. 그런 게 아니에요. 우린 아직 애기를 가질 수 없잖아요. 우리 자신의 문제도 해결하지 못하면서."

"그건, 변명이야."

"비겁한 남자, 아무것도 해결 못 하면서 언제나 용기 있는 척하고, 아무것도 가진 게 없으면서 큰소리만 치고."

허욱이 지연의 뺨을 때린다.

"아무것도 이해 못 하면서 언제나 이해하는 척했죠, 이젠 서로 고통받을 필요가 없어요. 만나지 않으면 되는 거죠, 애써 일요일을 기다릴 필요도 없고, 커피값 때문에 다방 문 앞에 서 있을 필요도."

다시 자리를 옮겼다(S#28_Shot 1). 서울 시내가 내려다보이는 남산 공원 벤치에 두 사람이 앉아 있다(long shot). 두 사람의 모습을 남산이 내려다보듯이, 그렇게, 바라본다(high angle). 남산도서관 앞에서 벤치로 옮기는 장면이 없었기 때문에(time ellipsis) 그 사이에 허욱과 지연이 나눈 대화를 알 수 없다. 한 번 더, 이어지는 대화로 미루어 건너뛴, 그래서 미처 영화 바깥의 우리가 듣지 못했지만, 영화 안의 둘 사이에서 나눈 이야기를 짐작은 할 수 있다. 두 사람의 대화를 방해하기라도 하듯 화면 안에서 몹시 모질게 모래바람이 불고, 더 슬프게 화면 바깥에서 음악이 고조된다. 게다가 모래바람으로 두 사람이 거의 지워질 것만 같다. 그런데도 저 멀리 앉아 있는 허욱과 지연의 대화는 화면 바로 앞에서 나누는 것처럼 잘 들린다. 이만희가 카메라와 인물 사이의 거리를 엄격하게 지키면서 사운드의 원근을 설계하지는 않았지만, 분명히 방금 전 도서관 앞에서 내려다볼 때 허욱과 지연의 대화는 너무 멀어서 들리지 않았다. 그래서 사운드는 이미지 안에 서 있는 인물과 스크린의 표면 사이의 거리를 의식하고 있었다. 그런데 이번에는 둘 사이의 거리뿐만 아니라 둘 사이의 대화를 방해하는 바람 소리와 음악을 무시하고 세 개의 소리가 함께 나란히 들린다. 여기서 원칙의 변덕을 부리는 것이 아니다. 요점은 이 장소에서 진행되는 세 개의 숏은 모든 소리가 들리는 음향 이미지라는 것이다. 이때 이 이미지에서 보잘것없는 것은 허욱과 지연이다. 지나치게 멀리 느껴지는 두 사람, 그리고 화면 앞에서 말하는 것 같은 목소리, 분명히 장면 안에서 이야기를 나누는데도 화면 바깥에서 대화가 들려오는 것만 같다. 이때 화면 바깥은 하지만 영화 안이다. 대화는 음악과 동맹관계를 맺게 되고, 바람 소리는 저 멀리 떨어진 두 사람, 허욱과 지연의 편에 서게 된다. 하나의 이미지. 두 개의 영역. 여기서 바깥이 안에 대해 나중에 다시 찾아온 것처럼, 그렇게 소리가 이미지를 떠올리고 있는 것처럼 여겨진다. 왜냐하면 화면 안 어디에도 목소리가 머물 데가 없는 것처럼 보이기 때문이다. 소란스러운 바람 소리. 너무 멀리 있는 두 사람. 도대체 목소리는 그때 거기서 어디 머무를 수 있었을까. 마치 목소리는 피난 가듯이 장소에서 빠져나와 시간 속으로 달아나게 된다. 같은 말의 다른 판본. 목소리는 이 장면에 덧셈으로 나중에 다시 찾아온다. 지나치게 경직된 표현이지만 이것을 나는 이미지에서 벌어지는 시간의 의사소통이라고 부르고 싶다. 그러자 이 음향 이미지는 현재의 저 너머, 한때 있었던 시간, 지나간 과거의 상태에 머무는 것처럼 보인다. 그러면 이제야 떠오른 두 사람 사이의 대화, 저 멀리서 나눈 이야기는 무엇이었을까. 지연이 애처롭게 묻는다.

"구할 수 있어?"

이 질문에 대답하는 허욱의 얼굴이 보고 싶다.

"어디에 얘기해서라도 몇 천 원쯤 못 빌리려구."

"뭐라고 얘기하겠어요?"

"거짓말을 하겠지, 누군가 교통사고로, 아니면 맹장으로
   위험하다고, 끝내는 진실을 얘기할지도 모르지."

"그 얘긴 싫어요."

"놈들에겐 교통사고를 얘기하는 것보단 진실을 얘기하는
   게 빠를지도 몰라. 어차피 얘기할 것이라면 빨리 하는
   게 좋아. 내일은 믿을 수 없으니까, 그리고 시간이 지나
   면 마음이 변할지도 모르고."

그 말을 하면서 일어나자(Shot 2) 허욱과 지연을 벤치보다
약간 아래서(low angle), 가까이, 하지만 여전히 일정한 거리만
큼 물러나서(full shot) 바라본다.

"어디 다방이라도 가서 기다리고 있지, 내 곧 다녀올 테니까."

"여기서 기다리겠어요."

"추울 텐데."

"다방보단 여기가 더 좋아요, 눈치 볼 필요도 없고."

"그럼 다녀올게."

"다녀오세요."

마치 부부 사이에 집에서 잠시 외출이라도 하는 것만 같은 다정한 대화, 하지만 세 개의 숏 사이에서 이 두 번째 숏이 다름 아닌 점괘가 실행되는 순간이라는 것을 지나쳐 가면 안 된다. "여자를 가까이하지 마라…." 마치 교정하기라도 하듯 세 번째 숏은 원래의 자리로 돌아온다.* 허욱은 일어나 벤치를 떠나면서 지연에게 자신의 코트를 벗어 주려고 한다. 지연은 그걸 보면서 말한다. "춥지 않아요." 허욱은 그 말에 그만두려다가 코트를 벗어서 땅바닥에 던져 놓고 떠난다(frame out). 지연은 다가가 그 코트를 주워서 걸쳐 입는 대신, 마치 코트가 허욱이기라도 한 것처럼 감싸안는다. 무심하게도 더 많은 모래바람이 분다. 너무 많이 불어서 화면이 하얗게 지워지는 것 같다. 그래서 모래바람이 화면을 다음 장면으로 페이드아웃시키는 것처럼 보인다. 그걸 내려다보고 있다. 누가? 이제 남산 위에 올라와서 내려다보는 세 개의 장면, 벤치가 놓여 있는 앞으로 허

---

* 하지만 첫 번째 숏과 세 번째 숏은 하나의 테이크를 찍은 다음 편집실에서 둘로 나눈 것이 아니라, 서로 다른 테이크이다. 이 두 개의 숏은 카메라의 위치가(set up) 미세하게 다르다. 나는 현장에 있었던 것이 아니기 때문에, 왜 하나의 테이크로 촬영하고 둘로 나누지 않고 서로 다른 테이크의 앞과 뒤를 사용했는지, 혹은 첫 번째 숏과 세 번째 숏 촬영으로 둘로 나눠 진행했는지 여부에 관해 알지 못한다. 후자라면 내 추론은 강풍기 발전기의 문제일 수도 있다.

욱과 지연이 걸어오는 장면(S#20_Shot 1). 그리고 남산도서관 옆에서 저 멀리 보이는 안 들리는 대화를 나누는 허욱과 지연 (S#23_Shot 1). 그리고 지금 서울 시내가 내려다보이는 벤치 앞에서 허욱이 떠나가고 가련한 지연이 혼자 남아 있는 장면(S#28_Shot 1과 3). 이 장면들에서 허욱과 지연을 내려다보는 시선은 새의 시점 숏이다(bird's eye view). 점괘를 예언했던 새. 자신의 점괘가 집행되어 가는 모습을 지켜보기라도 하듯 두 연인을 따라 올라와서 내려다보는 시선. 지연은 남산에 혼자 남았다.

남산을 올라가는 두 연인(장면과 숏)

S#16 다방 밖

S#16 다방 밖 (low_angle)

S#17+18 공원 길 shot 1

S#17+18 공원 길 shot 1 (pan)

S#17+18 공원 길 shot 2 (two shot_low angle_knee shot)

S#19 공원 길 shot 1

2장 | 그해 겨울 일요일의 낮

S#20 공원 벤치 옆 shot 1

S#20 공원 벤치 옆 shot 6

S#20 공원 벤치 옆 shot 7

S#20 공원 벤치 옆 shot 8

S#20 공원 벤치 옆 shot 9

S#21 공원 숲길 shot 1

2장 | 그해 겨울 일요일의 낮

S#21 공원 숲길 shot 2

S#21 공원 숲길 shot 3

S#21 공원 숲길 shot 4

S#22 공원 벤치 shot 1

S#22 공원 벤치 shot 2

S#23 공원 shot 1 (extreme long shot)

S#28 공원 벤치 shot 1 (long shot_high angle)

S#28 공원 벤치 shot 2

S#28 공원 벤치 shot 3

남산에서 내려와
세 명의 친구를 방문하지만…

여기서부터 〈휴일〉은 다시 시작하는 것처럼 보인다. 허욱은 지연과 함께 만나자고 약속했던 다방으로 되돌아온다. 다방 안에 들어가 둘러보니 두 명의 사내가 서로의 자리에서 무료하게 시간을 보내고 있다. 전화를 걸려고 하니 다방 아가씨가 "앉으세요, 커피 드릴까요?"라고 묻자 그냥 다시 바깥으로 나온다, 그리고 누군가의 집 앞에 가서 초인종을 누른다. 반복해서 누르지만 아무 응답이 없다. 문고리도 잡고 돌려 보고 문을 두들겨도 보지만 마찬가지이다. 근처에서 전화를 걸어 본다 (S#35_Shot 1). 아마도 그 전화를 받아야 할 사내는 소파에 누워서 잠을 자고 있다(Shot 2). 허욱은 힘없이 수화기를 내려놓는다 (Shot 3). 그리고, 그리고, 그 시간에 남산에서 지연은 추운 바람소리 속에 허욱을 기다리면서 벤치에 웅크리고 코트를 꼭 안은 채 앉아서 기다리고 있다(Shot 4). 하나의 리듬처럼 남산의 지연에게로 몇 번이고 돌아올 것이다. 아니면 도망칠 수 없는 죄의식이 잡아당기듯이 허욱은 반복해서 남산의 지연을 떠올릴 것이다.

허욱은 남산에서 내려와서 세 명의 친구를 만나고, 그런 다음 명동 바에서 처음 만나는 여자와 시간을 보내고, 그리고 지연의 아버지를 만난다. 이만희는 다섯 명을 다섯 가지 스타일로 연출했다. 여기서 이 다섯 가지 스타일이 갑자기 낯설게 보이는 것은 남산에서 지연과 시간을 보내는 장면들이 이만희 영화의 고유한 정서처럼 보인다면 다섯 명과 만나는 다섯 가지 스타일은 다른 데서 빌려 온 것 같기 때문이다. 처음에는 다섯 가지 스타일이 서로 상이해서 남산의 장면과 불화를 겪고 있거나, 혹은 설명하기 힘든 불균질한 상태의 긴장을 유지하고 있다고 그저 단순하게 생각했는데 남산의 장면과 나머지 장면들이 일대일로 대응하는 것이 아니라 그 자체로도 매번 비대칭적 차이를 만들어 내면서 남산 아래를 하나로 만드는 대신 다시 다섯으로 나누고 있다는 것을 알게 되었다. 물론 공통점도 있다. 다섯 번의 만남은 단 한 번도 좋은 마주침인 적이 없다.

먼저 남산에서 내려와서 방문하는 장면, 그러니까 처음으로 다시 한 번 되돌아가 보겠다. 이 방문에는 영(零) 번째가 있다. 그것을 첫 번째 방문은 실패했다고 말하는 대신 영 번째라고 하는 것은 남은 세 번의 방문이 모두 성공하지만 동시에 실패하기 때문이다. 하지만 영 번째는 실패할 뿐만 아니라 실패한다. 여기서 내 계산의 방점은 허욱의 방문에 문을 열어 주었냐는 것과 그런 다음 부탁을 들어주었냐는 것, 그 둘 사이의 불일치이다. 세 명의 친구를 방문했을 때 그 셋은 착한 사마리아인의 이웃 판본이 아니다. 그들은 나쁜 이웃은 아니지만(문을 열어 주었다) 동시에 좋은 이웃이 아니다(부탁 바깥에 머문다). 한 명은 허욱의 부탁을 조롱하고, 다른 한 명은 외면한다. 그래서 마지막 한 명에게서 허욱은 도둑질한다. 그러면 이 방문을 영 번째에서 시작하는 것은 무엇을 말하는가. 물론 그것은 허욱의 무능력에 대한 더할 나위 없이 분명한 표지이지만, 핵심은 이 무능력의 산책을 여기서 시작했다는 것이다. 영(零)에서 시작하면서 허욱의 방문을 제로가 아니라 의미의 영(零)에로의 수렴에 가져다 놓는다. 제로와 영(零)의 차이는 무엇인가. 제로는 무(無)의 상태로 돌아가서 다시 시작하는 것이다. 영(零)은 오른쪽과 왼쪽을 나눈 다음 한쪽에서 다른 쪽으로 넘어오는 경계선이 놓여 있는 자리이다. 좀 더 중요한 차이가 사이에 놓여 있다. 여기서 한쪽은 다른 한쪽 없이는 가능하지 않다는 것이다. 좀 더 이론적으로 만들고 싶겠지만 나는 여기서 멈추고 싶다. 그렇게 되면 허욱은 개념 사이를 떠돌게 된다. 허욱이 느끼는 슬픔, 허욱을 감싸는 무드, 허욱을 뒤따라오는 정동의 상황은 사유의 모델로 환원시킬 수 없는 어떤 형상이 있다. 어떤 형상? 남산에서 기다리는 지연. 그렇지 않은가요. 지연은 인식능력의 대상이 아니며, 진리의 문제가 아니다. 반대로 저기로 가도 지연의 그림자는 여기 머물면서 저기를 정동으로 덮어씌운다. 그림자를 제로라고 말할 수 있을까. 그림자를 잡을 수 없다고 해서 없다고 부를 수 있을까. 검은 얼룩. 이때 얼룩은 거기에 독해를 요구하는 기호로 머무는 흔적이다. 그렇게 지연은 허욱과 함께 산책할 것이다. 같은 말의 다른 판본. 허욱의 산책은 여기서 저기로 넘어가도 여전히 여기에 근거하는 것이다. 지연이 저기에 없기는 하지만 지연을 제로로 만들면 여기 없는 저기 전체가 제로에 수렴하게 될 것이다. 그러므로 여기가 바탕이라면 저기는 기호 상태가 된다. 방점은 상태라는 표현이다. 거기서 무언가를 해야 하는데 무얼 할 수 있는 게 없는 상태, 거기 누군가 있어야 하는데 응답이 유예됨으로써 해야 하는 그것을 할 수 없는 상태, 그래서 아무것도 할 수 없지만 아무런 것도 안 한 것은 아닌 상태, 이때 방문은 영(零)의 기호이다. 그래서 방문을 기호 상태로 내버려두면서 거기에 기의를 채워 넣어야 함을 일깨우는 각성이 거기에 있다.

아직 충분히 설명하지 않았다. 이제부터 점괘의 남은 부분이 실행될 차례이다. 새가 점지해 준 점괘의 남은 말에 따르면 "… 만약 그렇지 않으면 크게 손재(損財)를 볼 것이니 몸가짐을 유의할 괘요. …"라고 경고했다. 이미 첫 마디를 어겼으니("여자를 가까이하지 마라…") 이제 크게 손재(損財)를 볼 차례이다. 아마 허욱은 안심하고 있을 것이다. 손재를 보다. 재물을 잃다. 그런데 가진 게 없으니 잃을 게 없다, 라는 안심. 여기서 허욱이 셈하지 않은 것은 무엇인가. 허욱의 유일한 보물, 지연. 이때 함께 잃는 것은 무엇인가. 허욱이 가져 본 적이 없는 것의 상실.

자신의 아이. 그러므로 허욱은 하나를 잃으면서 둘을 잃게 될 것이다. "… 크게 손재(損財)를 볼 것이다."

첫 번째 방문한 사람은 친구의 하숙방이다(친구의 이름을 한 번도 부르지 않는다). 문을 열고 들어가 보니 친구는 누워서 여자와 포옹을 하고 있다. 허욱이 실례했다면서 나가려고 하자 친구는 일어나 괜찮다면서 들어오라고 한다. "기왕 만났으니 인사해야지, 우리 곧 결혼할 거야." 그러면서 여자를 소개한다. "오래간만이니 우리 술이나 한 잔 해야겠어"라고 하자 여자가 "사 가지고 올까요"라고 묻는다. 친구는 "물어보나 마나지"라고 대꾸한다. 그러면서 나가려던 여자에게 "이걸 가지고 가야 술을 사 오지"라면서 놓여 있던 핸드백을 건넨다. 그런데 나가려던 여자가 잠시 멈칫한다. 친구는 술을 사 오라면서 돈을 주지 않았다. 하지만 친구는 그 눈길을 무시하고 허욱에게 자리를 권하면서 "이리 와서 앉게"라고 말한다. 망설이던 여자는 바깥으로 나간다. 여자가 나가자 허욱은 친구에게 물어본다. "정말 결혼할 건가?" "사람 웃기지 말게. 만약에 저런 괴물이 내 여편네로 걸린다면 당장 쥐약을 먹고 말겠어." "여전하군." "놀라지 말게, 방금 전에 극장에서 만났을 뿐이야." 그때 방문 유리창이 깨지더니 그 틈으로 여자가 성난 얼굴을 들이밀면서 말한다. "야, 술은 니 돈으로 사다 처먹어라." 그리고 여자는 방을 떠난다. 하지만 친구는 여자를 붙잡지 않고 그저 웃을 뿐이다. 친구의 말을 미루어 허욱과 지연이 남산에 오르는 동안 친구는 극장에 갔고, 거기서 여자를 만났고, 그 여자와 함께 자신의 하숙방에 돌아와 포옹을 나누었을 것이다. 친구가 허욱에게 묻는다.

(S#37+38_Shot 1, two shot)

"뭣 하러 왔어?"

이제야 비로소 질문을 한다. 하지만 궁금해서 하는 질문이 아니라 포옹을 망쳐 놓았기 때문에 하는 질문처럼 들린다. 말투에 짜증이 묻어난다.

"돈이 필요해."

"돈? 뭣 하게?"

"알고 싶나?"

"어, 뭐 친구지간에 궁금하니까."

"여자가 임신을 했다. 수술비용이야."

"뭐라고?"

"있는 대로 빌려다오."

"야, 그 여자 뱃속에 있는 애가 누구의 것인지 아니?"

(Shot 2, 친구의 어깨 뒤에서 over the shoulder shot)

"그야."

"(다 알고 있다는 듯이 빈정거리는 말투로) 그래."

"무슨 소리야."

"야, 넌 지나치게 순진해, 그 여자 자신도 누구의 것인지 모르는데 그걸 어떻게 아니, 모르지? 모르는 게 당연해."

(Shot 3, 일어서서 허욱의 어깨 뒤에서 OS shot)

"야!"

"그런데 빌려 줄 돈은 처음부터 안 가지고 있어."

그 말을 듣고 허욱은 친구를 때려눕힌 다음 방을 떠난다.

첫 번째 방문에서 보는 일차적인 관찰, 그러니까 명백한 광경은 매정함이다. 이 광경을 이만희는 이만희답지 않게 다소 평범하게 연출했다. 내 설명은 이만희답지 않다는 데 있다. 이 설명이 매우 부정확하다는 걸 잘 알고 있다. 그래도 상관없다고 생각하는 까닭은 이 장면이 무얼 보여 주는지는 알겠는데 무엇에 민감하게 반응하는지는 부정확하기 때문이다. 이중으로 읽을 수 있다. 하나는 물론 허욱의 첫 번째, 혹은 영(零) 번째를 포함한다면 두 번째 실패이다. 세상은 허욱의 곤경에 무관심할 뿐만 아니라 오해하고 있다. 그때 이 곤경에 대하여 사회는 친구의 반응을 경유해서 메시지를 보내온다. 너는 도덕적으로 잘못하고 있을 뿐만 아니라 경제적으로도 해결할 수 없는 상황에서 어떤 도움도 받지 못할 거야. 하지만 이게 전부일까. 이 메시지를 보내기 위해서라면 허욱이 도착했을 때 친구와 여자가 포옹하는 광경이 왜 필요해진 것일까. 그것이 다른 하나로서의 기호 상태의 독해가 요청하는 것이다. 친구와 여자의 포옹은 허욱과 지연의 외설적 광경의 판본이다. 만일 지연의 배 안에 있는 아이가 아니라면 허욱은 일요일 휴일, 그러니까 바로 지금 즐거운 시간을 보내고 있었을 것이다. 하지만 허욱은 추운 바람이 부는 거리를 돌아다니면서 돈을 빌려야 한다. 이 산책은 즐거운 시간이 아니다. 그러면서 허욱은 지연을 남산에 남겨 두고 혼자 내려와 서울 시내 거리를 떠돌면서 친구를 만나 남의 이야기처럼 말한다. 그때 허욱이 차마 꺼내지 못하는 의심을 친구가 말하는 것이라면 어떻게 하겠는가. 그래서 허욱이 친구를 때리는 것은 모욕에 대한 대답이자, 그 대답의 이면에 자신의 의심을 들킨 것에 관한 부끄러움에 대한 고백이라는 이중의 딜레마처럼 보인다. 그러면 이걸 왜 부정확하게 보여 주는가. 하나는 지나치게 명백하고 다른 하나는 차마 그렇다고 할 수는 없기 때문이다. 이미 지적했지만 나는 이만희가 도덕의 순간과 마주할 때마다 망설이는 것만 같은 연출을 발견한다. 이 둘은 하나의 행위로 나타나지만, 그 둘 중의 하나는 사회적 그물에 걸려들고 다른 하나는 심리적인 구멍 속으로 빠져나간다. 그 둘이 하나로 묶이지 않기 때문에, 여기서 기호 상태는 애매하게 머물게 된다. 그래서 이 장면은 모든 것이 애매하고, 불균질하며, 서로 모순된 것들이 아무것도 해결되지 않을 뿐만 아니라 될 수 없는 현실에 머무르는 리얼리즘의 표면, 나는 여기서 이렇게 부르고 싶은데, 스타일로서의 리얼리즘으로 어지럽혀진다. 위험한 말을 했다는 것을 알고 있다. 너무 많은 리얼리즘이 있다. 여기서 그걸 단순화시키려는 것이 아니다. 단지 이렇게 말하면서 물러나겠다. 내가 여기서 보는 것은 상투적인 리얼리즘이다. 그런데 마치 그걸 바라보고 있는 것처럼 이 방에서 허욱이 뛰쳐나가자 다음 장면은 남산에 머무는 지연이 서울 시내를 내려다보는 장면이다. 다행히도 바람이 심하게 불지는 않는다. 지연은 여전히 허욱이 남기고 간 외투를 꼭 부둥켜안고 벤치에 앉는다.

두 번째 방문한 친구 집 앞에는 쪽지가 붙어 있다. "부재중이시다. 내게 볼 일이 있는 놈은 末世(말세)로 와라. 단 술이 먹고 싶은 놈에 한해서다. 億萬(억만) 백". 허욱은 읽고 난 다음 웃으면서 "이 자식" 하면서 쪽지를 떼어 술집 '말세'로 향한다. 이때 허욱은 술집 '말세'에 간다기보다는 '말세'의 알레고리로서의 술집에 온 것처럼 보인다. 두 번째 방문을 연극무대처럼 연출한 것은 아니지만 백결은 이 신의 대사를 희곡처럼 썼다. 상황은 실존주의에 빚지고 있는 것 같지만(누구보다도 알베르 카뮈, 어쩌면 사르트르) 대사를 따라가고 있으면 사뮈엘 베케트의 〈고도를 기다리며〉에서 블라디미르와 에스트라공이 나누는 대사에서 일부분을 가져온 것처럼 보이는 대목들이 있다. 이를테면 끊임없이 반복해서 내일을 이야기할 때. '말세'에서 자기를 찾아올 사람을 기다리고 있는 억만은 이미 술에 취해서 '말세'에 온 또 다른 사람에게 시비를 거는 중이다. 이 신의 첫 대사. "당신은 알아?" "알고 말고요." "알긴 뭘 알아." 아마 억만은 상대를 바꿔 가면서 이미 이 말을 하고 또 했을 것이다. 허욱이 다가와서 쪽지를 내밀면서 말한다. "그 옆에다가 한 마디 더 쓰는 게 어때? 갈 데 없는 놈도 전부 환영한다." 이 말을 듣자마자 멈칫하게 되는 건 누구인가. 영화를 보는 우리. 허욱은 '갈 데 없는 놈'이 아니다. 그는 빨리 남산으로 돌아가야 한다. 추운 바람 속에 벌벌 떨면서 기다리는 사람이 있는 남산 벤치로 할 수 있는 한 서둘러 빨리 돌아가야 한다. 알 리 없는 억만은 큰 소리로 외친다. "왔구나, 드디어 왔구나, 내게도 찾아오는 손님이 있었구나." 그러면서 두 팔을 벌린다.

이 장소가 이만희와 백결, 혹은 영화제작진 중의 누구의 단골인지는 모르겠다. 하지만 이만희는 여기서 이 대사를 할 수 있다고 생각했을 것이다. 대사를 할 수 있는 장소, 대사를 견딜 수 있는 공간. 이만희는 이 선술집의 전경(master shot)을 찍지 않았다. 이 선술집에서도 구석으로 허욱과 친구 억만을 몰아넣고 진행한다. 아마도 이 선술집의 구석 벽의 미장센 때문일 것이다. 벽에는 수많은 사람의 낙서가 쓰여 있다. 수많은 사연. 수많은 시간. 수많은 아포리즘. 수많은 정동. (그리고 이제는 사라진 풍속) 이만희는 허욱과 친구 억만을 벽을 마주 보고 앉혔고, 이석기의 카메라는 두 사람의 등을 쳐다본다. 자리를 옮겨 왼쪽에 허욱이 앉았고, 오른쪽에 친구 억만이 앉았다. 이때 우리가 마주 보는 것은 벽, 그 벽의 문장들이다. 마치 벽화처럼 보이기조차 하는 벽. 이 장면에서 카메라를 멈춰 놓고(fixed) 진행하지만, 대사가 끝날 때까지 바라보는 것(long take)은 아니다. 두 사람이 대사를 주고받는 동안 화면 정면 중앙 아래쪽에 세 줄로 된 문장이 보인다. 누군가 썼고, 그 위에 다시 누군가 덧칠하고, 장난스럽게 만들어 놓았기 때문에 정확하게 처음의 문장을 옮기기는 힘들지만 아마도 원문은 다음과 같았을 것이다. "망각이란 잊어버리는 것, 잊을 수 없어 망각을 망각한다. 잊음이여, 슬픔이여". 거기 무슨 의미가 있어서 그 문장을 화면 가운데 둔 것은 아니다. 이만희는 이 문장을 문자로 읽지 않고 하나의 이미지로 받아들인다. 이 자리에 온 사람들의 흔적. 그 사람들의 잔존, 잔존이 남겨 놓은 파토스, 여기 파토스가 남겨졌다는 것은 생명이 머물렀다는 뜻이다. 벽 앞에 머물면서 무엇을 바라보았을까. 끈질기게 지속되는 자기 시대와 마주하면서 무언가 남겨 놓아야 한다는 절박함, 그 상태의 표현. 그리고 이번에는 허욱과 친구 억만이 벽과 마주 앉았다. 벽, 이라니 이 얼마나 실존주의, 스러운가.

　"누굴 기다리고 있지?"

　"누군가 꼭 찾아올 놈이 있을 것 같아서 매일 여기서 기다리지. 뻔히 아무도 찾아올 놈이 없는 줄 알면서 말이야. 자네, 기다리는 기분 아나? 아니, 실은 기다리는 척하고 있는지도 모르지, 흥, 놈들은 나를 실연한 놈쯤으로 알고 있지."

　"그러나 미친놈보다 그쪽이 나은지도 모르거든, 너 얼마나 취했냐?"

　"취하려고 먹지만 취하지가 않아, 먹을수록 정신이 맑아지거든."

　그 말을 하고 억만은 일어나서 왼쪽으로 자리를 옮긴다. 하지만 카메라는 그대로 멈춰 있어서 오른쪽은 비고 왼쪽에 허욱이 앉아서 고개를 억만이 자리를 옮긴 왼쪽으로 돌린다. 친구 억만이 자리를 옮기자 억만에게 가려서 보이지 않던 문장이 보인다. "종달새처럼 즐겁게, 샛물처럼 꾸준히, 태양처럼 뜨겁게". '샛물'은 '맷물'처럼 보이고, '태양'은 '래양'이 되었다. 마찬가지로 그 문장이 무언가를 설명하는 것은 아무것도 없다. "취직은 어떻게 됐지?" "내일, 내일이면 틀림없이 된다는 거야, 내게 절망적인 얘기를 해 주는 놈이 한 놈도 없어." 그 말을 들으면서 허욱도 일어나 자리를 옮긴다. 하지만 여전히 카메라는 그냥 그 자리에 서 있다. 그러자 텅 빈 화면에 낙서가 가득 쓰여 있는 벽만 보인다. 그리고 그 화면 위로 친구 억만의 목소리가 들린다(voice over). "언제나 내일만 이야기하지, 나는 내일 때문에 몇 년을 기다려 온 줄 아나?" 그런 다음 장면이 바뀐다 (S#48_Shot 2). 허욱은 왼쪽에 서 있고, 친구 억만은 앉아 술잔을 기울이면서 말을 이어 간다.

> "이젠 지쳤어. 자네, 점잖은 상통에 언제나 담배를 꼬나물고 친절히 대해 주는 그 작자들의 말을 믿나?"
> "안 믿을 수도 없지."
> "자네 말이 옳다. 그렇다고 안 믿을 수도 없거든. 그것마저 없었다면 벌써 전차에 머리를 박고 죽었을지도 모르지, 자, 들자."

허욱은 말을 바꾸기 위해 앉는다.

> "이봐, 술보다 더 중요한 게 있다. 그런데 혹시 자네 돈 빌

려 본 적 있나?"

"있지."

"대개 그때 제일 처음에 하는 말이 뭔가?"

"술보다 더 급한 게 있다, 지."

허욱이 그 말을 듣고 가까이 다가오자 친구 억만은 손사래를 치면서 "그러나 내겐 지금 술보다 더 중요한 건 없어." 허욱이 친구 억만의 술주전자를 멈추면서 "도와주겠나?"라고 묻자 "계집 때문이군"이라고 말한다. "오늘 수술을 해야 한다." 그 말을 하자 이번에는 허욱의 어깨 뒤로 가서 친구 억만을 바라본다(Shot 3). 그때 벽에 여러 글자 중에서 한자로 쓴 두 단어가 눈에 들어온다. 人間(인간), 人生(인생)은? 친구 억만은 내뱉듯이 말한다.

> "낳아라, 기왕 낳으려거든 사내새끼 말고 계집애를 낳아,
> 아주 예쁜 계집애를 낳아라, 그러나 춘향이를 낳을 필요
> 는 없어."

그러더니 허욱의 손을 뿌리치고 술주전자를 따르면서 말한다. "수술할 돈이 있거든 내 외상값이나 갚고 가거라." 이 말은 거절의 문장이다(Shot 4). 허욱에게는 시간이 없다. 일요일이 그

렇게 지나가고 있다. 하지만 친구 억만은 허욱에게 술주전자를 내밀면서 말한다. "자, 마셔." 허욱은 자신이 여기서 헛된 시간을 써 버렸다는 걸 깨닫는다. 그는 술집을 떠난다. 혼자 남은 친구 억만은 그저 의미 없이 중얼거린다. "불쌍한 자식." 그리고 그 술잔을 자기가 마신다. 다음 장면은(Shot 5) 다시 남산이다. 지연은 남산에서 내려다본다. 남산 중턱 길을 따라 지나다니는 자동차들. 다시 모진 바람이 불기 시작한다. 마치 지연이 화면에서 조금씩 지워지는 것만 같다.

세 번째 방문은 아파트 701호이다. 문을 노크하는 허욱을 맞이하는 건 식모이다. 집 안에서 목욕하는 소리가 들린다. 식모는 대문 앞과 욕실 문 앞을 오가면서 서로의 대화를 전달한다. 집 안에 들어선 허욱은 욕실에 가서 욕조에 앉아 있는 친구 규제에게 "대낮에 무슨 목욕이야?"라고 물어보자 "심심해서 견딜 수가 있어야지, 오늘 벌써 여섯 번째 목욕이야"라고 대꾸한다. "왜 밖에 안 나가?" "나가 봐야 별수 있어? 나에게는 일요일은 고역이야, 너 같은 룸펜을 만나면 커피값이나 축내고 말이야." 이번 방문도 실패할 것이다. 물론 친구 규제는 부자이다. 자기 집이 있고, 게다가 식모도 있다. 첫 번째 방문한 집과 비교해 보면 둘 사이의 차이는 더 분명해 보인다. 술을 사러 보내면서 여자에게 술값을 주지 못한다. 두 번째 방문하려던 친구 억만은 선술집에 앉아서 외상술을 마시는 중이다. 술을 마시지만, 술값이 없다. 찬 바람이 부는 일요일 날 규제는 욕조에 앉아 여섯 번이나 목욕하면서 시간을 보낸다. 식모는 얇은 옷을 입었다. 아마도 집 안이 따뜻할 것이다. 이 장황한 설명에 여기서 머뭇거릴지 모르겠다. 〈휴일〉은 1968년의 영화이다. 그때 장마가 오면 뚝섬 주변 가옥은 한강에 떠밀려 내려갔고, 청계천은 난개발 지역이었으며, 해방촌은 판잣집이 남산 주변 아래를 차지하고 있었다. 천국에 관한 당신의 상상이 필요하다. 보일러를 마음껏 사용하면서 난방이 잘된 집은 얼마나 드물었는가. 그러므로 돈을 구하기 위해 돌아다니는 허욱에게 이 집 안의 풍경이 어떻게 보이는지를 가난한 자의 관점에서, 규제의 표현을 빌리면 "룸펜"의 자리에서, 물론 여기서 '룸펜'은 정확하게 룸펜프롤레타리아트Lumpen proletariat를 가리키는 것은 아니지만 대학을 나왔는데도 실직한 상태인 사람을 당시 한국 사회에서는 그렇게 불렀는데, 계급의 관점까지는 아니지만, 빈자가 부자를 바라보는 자리에서 계산해야 한다. 규제는 방금 뭐라고 말했는가. 친구를 만나면 자기가 계산해야 할 커피값을 걱정하는 부자이다. 그래서 친구를 만나는 쪽보다는 식모를 부리면서 집에 머무는 쪽을 택한다. 그러므로 여기서 부탁하고 긍정을 기대하는 것보다 빠른 해결 방법을 선택한다. 허욱은 도둑질을 한다. 하여튼 해결을 했다. 그리고 그 집을 재빨리 떠난다. 이제 남산에 있는 지연을 만나러 가면 된다. 그걸 알자 규제는 뭐라고 말하는가. "심심한데 잘됐다. 놈이나 찾으러 가자." 규제는 돈을 찾는 데 관심이 없다. 만일 그랬다면 돈이 얼마나 없어졌는지는 확인했을 것이다. 더 간단한 방법이 있다. 경찰에 신고했을 것이다. 그런데 그 돈을 가져간 허욱을 찾으러 나간다. 허욱과 규제의 관계는 쥐와 고양이의 게임이 된다. 장르로서의 관계. 이것이 세 번째 스타일이다.

남산을 내려와 친구들을 만나는 허욱

S#35 아파트 관리실 shot 1

S#35 아파트 관리실 shot 2

S#35 아파트 관리실 shot 3

S#32 공원 벤치 shot 1

* 이 장면은 시나리오상에 'S#32 공원 벤치' 장면으로 S#35 아파트 관리실보다 먼저
  나오는 것으로 되어 있다.

첫 번째 친구

S#37+38 설계 사무실 shot 1 (two shot)

S#37+38 설계 사무실 shot 2 (over the shoulder shot)

S#37+38 설계 사무실 shot 3 (OS shot)

두 번째 친구

S#48 학사주점 shot 1

S#48 학사주점 shot 2 (voice over)

113

S#48 학사주점 shot 3

S#51 공원 벤치 shot 1

세 번째 친구

S#53 어느 방 안 shot 1

S#53 어느 방 안 shot 2

S#53 어느 방 안 shot 3

S#55 목욕탕 밖 shot 1

"꼭 안 와도 좋아요.
약속을 지키지 않아도 좋아요.
우린 일요일날 만났으니까."

검은 원피스를 입은 여인,
당신은 누구십니까

   남산에 올 때와 마찬가지로 남산에 다시 돌아올 때도 남산까지 올라오는 장면이 없다. 허욱은 모래바람이 부는 남산 벤치에 도착해서 두리번거린다. 벤치가 텅 비어 있다. 허욱이 지연의 이름을 부르자 벤치가 있는 자리 돌담 아래 쪼그리고 앉아서 대답한다. "왜 거기 있어?" "추워서." 지연이 여전히 허욱의 외투를 껴안은 것처럼 움켜쥐고 안고 있다. "왜 오바를 입고 있지 않았어?" "어떻게 입고 있을 수가 있어." "늦어서 미안해." "구했어?" "응." "지금부턴 어떻게 하면 되는 거지." "배가 고파요." 그런 다음 두 사람은 남산에서 내려온다. 정확하게 다음 장면이 식당이다. 이만희는 올라갈 때와 마찬가지로 두 사람이 내려오는 장면을 찍지 않았다. 아침 열 시에 허욱을 만나러 나온 지연은 이때까지 아무것도 먹지 못했다. 굶주린 지연. 맛있게 밥을 먹는 지연을 허욱은 물끄러미 바라본다. 혼자 밥을 먹고 있다는 사실을 깨달은 지연은 고개를 들고 허욱에게 물어본다. "왜 그래요?" "걱정이 돼서 기분이 이상해져." "걱정할 거 없데두." 그때 허욱은 해서 안 되는 말을 한다. "넌 꼭 경험자 같은 말을 하는구나." 이 말을 듣는 순간 조건반사적으로 떠오르는 장면은 허욱이 첫 번째 방문을 했을 때 친구가 했던 조롱 섞인 조언이었다. 나는 어떻게 하는지도 모르는데 너는 어떻게 걱정하지 말라고 나를 안심시킬 수 있는 거지, 라는 말의 이면. 말실수가 감추고 있는 진실. 금방 그 말뜻을 알아차리지 못했던 지연은 그 말이 무얼 말하는지 눈치채자 비로소 숟가락을 내려놓으면서 반응한다. "어머." 허욱은 고개를 창문 바깥으로 돌리면서 자신의 말실수를 감춘다. "전쟁터에 나가는 기분이야." 지연은 식사를 마치고 엽차를 마시면서 말한다. "전쟁터에 나가 본 적도 없으면서." 배려하는 건 지연이다. "어디 가서 술이라도 한잔하면서 기다려요." 허욱이 담배를 꺼내 물자 지연이 기다린 것처럼 성냥을 꺼내 불을 붙여 준다. 그런 다음 두 사람은 산부인과에 간다. 비명으로 가득 찬 산부인과. 의사로부터 두 사람은 뜻밖의 이야기를 듣는다. "두 분이 아기를 낳고 싶다고 해도 의사로서 수술을 권유하고 싶습니다. 이 임신기간을 견딜 수가 없습니다. 현재로서도 지극히 악화되어 있으니까요. 수술도 그리 안심할 수 있는 것이 아닙니다. 그렇다고 이대로 둘 수도 없는 것이고, 두 분이 상의해서 결정하십시오." 두 사람이 상의하는 장면은 없다. 이미 상의를 했고, 허욱은 다시 서울 시내 길거리를 나가서 배회한다. 아마 지금 지연은 수술을 받고 있을 것이다. 더 중요한 지적이 있다. 의사의 말을 듣는 장면이 허욱이 지연을 보는 마지막 장면이다. 이제 허욱은 더이상 살아 있는 지연을 보지 못할 것이다. 여기서 이 장면들이

'거적때기를 덮어 놓는' 허욱의 다시 한 번, 이라고 이미 지적했다. 허욱의 다시 한 번 속에서 이 시간은 어떻게 되풀이되는가. 왜 무심코 〈휴일〉을 본 당신에게 이상할 정도로 허욱과 살아서 작별하는 지연의 마지막 모습이 잘 떠오르지 않는가. 두 개의 시간을 겹쳐 놓았기(dissolve) 때문이다. 허욱의 지나가 버린 시간은 순서대로 배열되어 있지만, 순서 사이에서 종종 간격을 잃어버린다. 왜 잃어버리는가. 그 사이에 죄의식이 끼어들면서 거기에 놓여 있을 긴장을 지우려고 애쓰기 때문이다. 오히려 거기 있어야 할 장면들은 사라지고 죽은 시간dead time 이 떠돌기 시작한다. 거리를 배회하다가 죽은 나무 아래 앉아 있는 허욱의 모습은 이 시간(들)이 순서 안에서 얼마나 식별 불가능한 상태인지를 일깨운다. 그런 다음 다시 한 번 시간을 겹쳐 놓는다(dissolve). 어느새 밤이 되었다. 차라리 이렇게 말하고 싶다. 낮과 밤을 겹쳐 놓았다. 어디까지가 낮이고 어디서부터가 밤일까. 허욱은 왜 병원에 돌아가지 않는 것일까. 왜 병원에 전화해 보지 않는 것일까. 마치 허욱은 지연이 병원에서 지금 수술받고 있다는 사실을 잊은 것처럼 보인다. 우리는 허욱에게서 어떤 불안도, 초조함도, 걱정도 보지 못한다. 마치 원래부터 혼자였던 것처럼 거리를 쏘다닌다.

네 번째 사람을 만날 차례이다. 허욱은 고급 살롱*에 들어가서 위스키 한 잔을 앞에 놓고 앉아 있다. 맞은편 바bar에 검은 원피스를 입은 여자가 앉아 있다. 조금 더 살롱 신의 첫 장면을 묘사할 필요가 있다. 이 첫 장면에 이르기까지의 장면, 그러니까 살롱을 고르고, 그런 다음 안에 들어와서 자리를 잡고, 위스키를 주문한 다음, 첫 잔을 마시면서 살롱 안을 둘러보다가 바에 앉아서 혼자 술을 마시고 있는 검은 원피스를 입은 여자를 발견하기까지의 장면이 없다. 테이블 의자에 앉은 허욱과 저편 바에 앉아 있는 검은 원피스를 입은 여자를 대각선으로 바라보는 구도에서 첫 장면을 시작한다. 화면 오른쪽 끝에 앉아 있는 허욱. 그리고 왼쪽 끝에 앉아 있는 검은 원피스를 입은 여자. 이때 여자는 등을 돌리고 한쪽 팔에 머리를 기댄 채 앉아 있다. 이 뒷모습을 보면서 소스라치게 놀랄 것이다. 왜냐하면 이 뒷모습만 보면 지연이 거기 앉아 있는 것처럼 보이기 때문이다. 검은 옷, 그리고 지연을 연상케 하는 헤어스타일. 그러므로 이렇게 말할 수 있다. 허욱이 지연으로부터 가장 멀리 떠나 있을 때 지연은 가장 가까운 근처에서 나타난다. 이때 지연은 변장을 하고 나타난다. 어떤 변장? 환상이라는 변장. 하지만 이

---

* 1980년대까지 한국에서는 양주 파는 주점을 살롱Salon이라고 불렀다. 〈휴일〉에서 허욱과 검은 원피스를 입은 여인이 만나는 가게 이름이 문 앞 입구에 '아이엘 싸롱'이라고 한글로 쓰고, 간판에는 'IL SALON'이라고 썼다. N.D.L.R.

테이블 의자에 앉은 허욱과 저편 바에 앉아 있는 검은 원피스를 입은 여인.

환상은 허욱의 불안이다.

검은 원피스를 입은 여자가 신호를 보낸다. 어떻게? 빈 잔을 기울인다. 내 잔을 채워 주세요. 이때 빈 잔은 내 곁에 와서 당신의 환상 안에서 생겨난 빈 구멍을 메우라는 요청이다. 만일 그냥 내버려 둔다면 이 빈 구멍은 불안의 연상작용을 시작할 것이다. 빨리 그걸 채워야만 억압이 귀환하지 않을 것이다. 허욱은 홀린 듯이 자발적으로 곁에 다가가서 앉아 그 빈 잔을 채워 준다. 여자는 마땅히 채워져야 할 빈 잔이 채워진 것처럼 고맙다, 는 말을 하지 않는다. 마치 자신의 권리를 행사하는 것만 같은 자세. 어떤 권리? 환상의 권리. 그래서 얻은 대가는 무엇인가. 불안의 지연(遲延). 같은 말의 다른 표현. 지연의 지연(遲延). 병을 들고 곁에 앉은 허욱은 여자의 잔에 술을 따른 다음 말한다.

"우리들의 우울한 일요일을 위해서."
"우울한 사람들이죠."
"여자를 바람맞힌 그 남자를 위해서."
"남자를 바람맞힌 여자죠."
"우리들의 기막힌 내일을 위해서."
"어제를 위해서."

여자는 계속해서 허욱의 말을 교정한다. 이때 교정은 내용에 있는 것이 아니라 형식에 그 방점이 있다. 검은 원피스를 입은 여인은 도피하는 허욱의 퇴각로를 반복해서 차단한다. 일요일이 우울하다고 말할 때 아니에요, 당신이 우울하죠, 라고 교정한다. 이 자리에 없는 남자를 불러올 때 이 자리에 없는 여자로 다시 교정한다. 이 자리에 없는 여자는 누구인가. 물론 지연이다. 얼른 오늘이 끝나서 내일로 도망치려고 할 때 오늘이 다시 시작하는 어제로 돌려 놓는다. 허욱은 포기했다는 듯이 "아무렴" 하고 대답하면서 술병을 들지만, 이번에는 술병이 비었다. 여자는 웃으면서 말한다. "바닥난 술병을 위해서." 허욱은 이번에는 질문한다.

"아가씨의 가장 절박한 소원은 무엇입니까."
"빈 병에 술이 채워지는 거예요."
"그리고?"
"빨리 일요일이 끝나는 거죠."
"다음은?"
"담배 하나 주세요."

허욱에게 담배는 있지만, 담뱃불이 없다. 그때 재빨리 웨이터가 라이터로 담배에 불을 붙여 준다. 언제나 지연이 허욱에게 해 주었던 일. 허욱은 그 앞에서 자기를 바라보듯이 검은 원피스를 입은 여인을 바라본다. 여인은 담배를 피우면서 대답한다. "그다음은 내일 생각하겠어요." 그 대답은 마치 질문처럼 들린다. 그런데 당신은 내일 무슨 생각을 할 참인가요. 여기서 빠진 문장은 무엇인가. 만일 세상에 내가 없다면, 그래서 제가 없는 내일을 맞이하면 무슨 생각을 할 참인가요. 하지만 허욱은 멈추지 않고 계속 물어본다. "아가씨는 남자와 자 본 적이 있습니까?" 이 뻔뻔한 질문. 이 질문을 할 때 허욱은 첫 번째 방문했던 친구의 자리에 가는 것이다. 그때 검은 원피스를 입은 여인은 다시 허욱을 허욱의 자리로 되돌려 놓는다. "요즘은 애를 떼 본 적이 있느냐, 묻죠." 허욱은 여기서 병원에 있는 지연을 떠올려야 했다. 하지만 다음 질문을 한다. "남자가 여자를 위해서 할 수 있는 일이 무엇이라고 생각합니까?" 검은 원피스를 입은 여인은 술집 '말세'에서 만난 두 번째 방문이었던 친구 억만처럼 대답한다. "술을 사는 거예요." 허욱은 대답한다. "자리를 바꿉시다."

살롱을 나선 허욱과 검은 원피스를 입은 여인은 어두운 거리를 걷는다. 걷기 시작하자 여인은 허욱이 손을 주머니에 넣은 팔에 팔짱을 한다. 팔짱이라는 접촉. 추운 겨울에 서로의 살결이 닿지는 않지만 나의 몸을 상대방에게 기대면서 할 수 있는 산책의 포옹. 우리는 허욱과 지연이 남산에서 그 추운 바람이 불고 있는데 단 한 번도 팔짱을 하지 않았음을 이미 보았다. 두 사람은 낯선 장소에서 잠시 멈춘다. 검은 원피스를 입은 여인이 말한다. "일요일에 만나는 남자는 다 마찬가지예요. 우울하고, 말이 없고, 용기가 없고." 일요일에 만나는 남자. 그건 바로 지연에게 허욱이 아닌가. 다 마찬가지인 남자. 한 번 더 반복하겠다. 우울하고, 말이 없고, 용기가 없고, 그런데 허욱이 여기에 덧붙인다. "술을 먹고." 여자가 말을 잇는다. "그리고 마지막엔 아무 얘기도, 약속도 없이 사라지죠. 그다음엔 언제나 나 혼자 남게 돼요. 그리고 내일이 오는 거예요." 나는 이 대사를 유령의 대사로 다시 번역하고 싶다. 지연이 이미 죽어서 곁에 나타나 이 말을 읊조리고 있다고 해 볼 수는 없는 것일까. 허욱은 수술을 받는 지연에게 아무 얘기도, 아무 약속도 없이 사라졌다. 그리고 수술대에 혼자 남아 시신이 되었다. 혼자가 된 시신. 시신을 찾아오는 건 내일뿐이다. 허욱은 지연에게서 도망치기 위해 도피처를 구하듯이 지연을 닮은 여자에게 말한다. "어디 가서 한 잔 더 합시다." 두 번째 술집은 '송학'이라는 이름의 일식집이다. 여자가 말한다.

"이제 얼마 안 남았겠죠."
"아직 멀었어, 언제나 고통은 마지막 남은 몇 시간에 오니까."
"이상해, 언제나 일요일은 아침이 오면 빨리 하루가 지나가길 기다리면서 밤이 되면 초조해져요."

"그래서 술을 마시는 거야."

이 장면에서 우리의 신경을 곤두세우게 만드는 것은 무엇인가. 어느새 애조 띤 선율의 음악은 사라졌고 금방이라도 무슨 사건이 벌어질 것처럼 알 수 없는 위험이 따라오듯이 날카로운 현악기의 활 소리와 수수께끼의 플롯에 빠져들면서 퀴즈를 내는 것만 같은 비브라폰을 두들기는 소리가 뒤엉킨다. 그래서 두 사람이 나누는 대사에는 관심이 없고 문득 검은 원피스를 입은 여인은 누구입니까, 라고 물어보는 것만 같다. 그걸 눈치채지 못하는 건 허욱뿐이다. 허욱은 검은 원피스의 여인을 이끌고 세 번째, 네 번째 술집을 찾아간다. 그리고 다섯 번째 술집 앞 계단에서 허욱은 여인에게 키스하려고 다가간다. 그때 여인은 담벼락을 집고 있는 두 팔 사이로 재빨리 빠져나간다. 그러자 허욱은 벽에 비친 자기 그림자에게 키스를 한다. 한 번 더 말하겠다. 자기 그림자에 하는 키스. 이보다 환상을 더 잘 설명할 수 있을까. 이때 그림자는 물론 지연을 덮어쓴 검은 형상이다. 허욱은 벽에 키스하고 난 다음 실패를 깨닫자 다시 여인에게 다가가 키스를 한다. 그때 검은 원피스를 한 여인은 기괴하게 눈을 커다랗게 뜨고 어딘지 알 수 없는 곳을 향해 시선을 던진다. 마치 무엇처럼, 무엇? 시체처럼. 그리고 두 사람은 다섯 번째 술집에 들어간다. 이 장면을 공사가 중단된 장소와 다시 겹쳐 놓는다(dissolve). 황폐한 공사장. 아무도 없는 장소. 마치 표현주의 세트장 같은 조명. 죽음에서 가장 가까운 장소, 네 번째 만남의 스타일을 알겠다. 여기서 허욱의 산책은 초현실주의의 무대를 떠올리게 한다. 허욱은 점점 더 깊고 어두운 곳으로 여인을 끌고 가고, 불길한 음악은 점점 더 고조된다. 허욱은 자신의 외투를 벗어 먼지투성이 바닥에 던지다시피 펼쳐서 그녀를 눕힌다. 지연이 추운 바람 속에서도 입지 않고 끝까지 끌어안고 있었던 옷. 왜 입고 있지 않았냐고 물었을 때 어떻게 입고 있을 수가 있냐고 대답했던 그 외투. 그러고 난 다음 허욱은 그녀와 포옹에 열중한다. 이 장면은 전혀 에로틱하지 않다. 그러기는커녕 무료하기 짝이 없다. 조금 전까지 화면을 가득 채우던 불길한 음악도 사라졌다. 그때 공백을 채우기라도 하듯 멀리서 시계 종소리가 들린다. 그제야 허욱은 지연이 생각난 듯이 자신이 검은 원피스의 여인에게 하려던 것을 멈춘다. 여인은 누워서 허욱을 바라보며 묻는다. "왜 그래요? 겁이 나요?" "다녀와야 할 데가 있어." 그러자 여인은 다시 허욱의 말을 교정해 준다. "가야 할 곳이죠." 그런데 허욱은 이 말에 이상하게 대답한다. "아냐, 꼭 다녀올게." 다녀온다고? 병원에 가서 지연을 만난 다음 다시 여기로 돌아온다고? 허욱은 지금 자신이 가야 할 데가 어딘지 정말 잊어버린 것일까. 거기에 누가 있는지

허욱의 산책이 도달한 네 번째 장소인 황폐한 공사장. 허욱은 시계 종소리를 듣고 지연을 떠올린다.

3장 | 그해 겨울 일요일의 밤

모르는 것일까. 아니, 그럴 리가 없다. 하지만 그렇다면 허욱은 지연에게 작별 인사를 하기 위해서 찾아가는 것일까. 여기에 두 가지 해석이 있다, 하나는 횡설수설로 읽어 내는 것이고, 다른 하나는 망각으로 재구성하는 것이다. 첫 번째 해석. 허욱이 남산에서 내려와서 차례로 가지는 만남이 기호 상태라는 것은 이미 설명했다. 그것이 상태에 머물 수 있었던 것은 지연, 이라는 참조가 자신의 자리를 하나로 고정하면서 아무리 잘못된 길을 들어서더라도, 혹은 길을 잃더라도, 다시 소급해서 돌아올 수 있었기 때문이다. 그래서 한편으로는 허욱을 지연이 잡아당기면서 반대편에서 순서를 바꿔 가면서 차례로 번갈아 끌어당기면서도 균형을 유지할 수 있었다. 그러니까 전체적으로는 혼돈되고 모순된 상황인데 지연이 마치 도전에 응전하기라도 하듯이 계속해서 정돈된 상태로 되돌려 놓으면서 전체를 자신의 자리 반대편에 가져다 놓고 대립의 상황으로 반복해서 재정식화시킨 것이다. 지연은 유일한 하나의 자리이고, 반대의 자리는 지연을 빼고 셈한 전체가 하나로 환원되는 반대의 자리이다. 여기서 지연의 자리는 이 균형의 내기에서 영원히 승리하는 패를 가지고 있다는 것을 놓치면 안 된다. 왜 그러한가. 허욱의 죄의식을 움켜쥐고 있기 때문이다. 이것이 우리가 남산에서 내려온 다음 내내 지켜본 허욱의 방문과 그럴 때마다 지치지 않고 반복해서 남산으로 되돌아가서 지연이 머무는 남산을 번갈아 보게 된 균형의 운동이다. 물론 이 운동의 논리 안에 모순이 있다는 것을 알고 있다. 하지만 지연의 배 안에 있는 아이를 논리적 모순이라고 부를 수 있을까. 그런데 여기서 갑자기 참조의 자리를 고정해 놓은 하나가 사라지자 균형을 유지하던 상태가 무너지고 반대의 자리는 카오스가 될 것이다. 문자 그대로 횡설수설의 상태. 두 번째 해석은 다시 우리를 점괘로 이끈다. "… 만약 그렇지 않으면 크게 손재(損財)를 볼 것이니 몸가짐을 유의할 괘요." 허욱은 병원에 가야겠다는 생각은 떠오르는데 병원에 있는 지연은 떠오르지 않는다. 그렇지 않다면 "꼭 다녀올게", 라고 말하지 못했을 것이다. 의무는 떠오르는데 내용이 떠오르지 않는다. 왜냐하면 지연에 대한 의무는 머무는데 내용이 소멸했기 때문이다. 마치 허욱의 말은 공허한 메아리처럼 들린다. 사라질 준비를 하는 존재. 그런데 존재가 소멸하면서 기억이 변질해 가는 것처럼 사라져 간다. 망각의 작동원리. 한 번 더, 지연이 사라지자 허욱의 내면에서 가지고 있었던 모든 것이 사라져 가고 있다. 크게 손재를 볼 것이다. 허욱은 자신이 가지고 있던 시간 속의 재산을 털리고 있다. 검은 원피스를 입은 여인은 마치 지연의 유언을 대신 들려주는 것만 같다. "꼭 안 와도 좋아요. 약속을 지키지 않아도 좋아요. 우린 일요일 날 만났으니까." 마치 메아리처럼 다시 한 번 받아 적어 보겠다. 병원에 꼭 안 와도 좋아요, 이미 난 당신을 볼 수 없으니까. 오겠다는 약속을 지키지 않아도 좋아요. 내 몸은 여기 머물고 있지만 내 영혼은 여기 있지 않으니까. 우린 오늘 이미 만났으니까. 오늘은 지나가고 있고, 다음 일요일에는 만날 수 없으니까.

어둠의 심연,
혹은 허욱의 유언

허욱은 헐레벌떡 병원으로 달려간다. 이미 허욱이 지나쳐 온 길. 마치 허욱을 꾸짖는 것처럼, 그렇게 성당에서 종이 울리고, 십자가가 몇 번이고 되풀이해서 달려가는 내내 허욱을 내려다보고 있다(low angle). 병원에 도착했을 때 의사는 고개를 떨구면서 말한다. "최선을 다했습니다만." 간호사는 울음을 참으면서 거기에 덧붙인다. "조금만 더 일찍 오셨더라면 마지막 얼굴을 보셨을 텐데." 허욱은 무얼 하지 않는가. 도착하기 전에 세상을 떠난 지연의 시신과 작별 인사를 하지 않는다. 대신 무엇을 하는가. 지연의 아버지를 찾아간다. 다섯 번째 방문. 허욱은 아버지와 함께 지연의 애도를 하러 방문했다기보다는 마치 따지러 온 것처럼 보인다. "몇 번 이야기를 해야 곧이들어요, 지연이가 죽었단 말이에요." "뭐? 지연이가 죽어? 너 같은 놈 때문에 지연이가 죽어? 이게 어디 와서 공감이야, 공감이."

지연의 아버지는 한눈에도 병색이 짙은 얼굴에 가난에 지쳐 보인다. 거의 부서질 것 같은 이 층 판잣집. 지연의 집. 이 집은 오늘 하루 종일 허욱이 방문한 어떤 집보다도 가난해 보인다. 여기서 살면서 무엇을 체념해야 했을까. 여기서 견디면서 무엇을 포기해야 했을까. 일요일에 사랑하는 사람을 만나기 위해 약속 장소로 가면서 다방 커피값이 없는 삶. 그 사람도 돈이 없다. 그런데 배 안에서 아이가 자라고 있다. 파토스 때문에 잠시 잊었지만 〈휴일〉의 하부 토대는 빈곤이다. 그리고 원래의 자리로 다시 돌아왔다. 나는 좀 더 정확하게 부르고 싶다. 〈휴일〉은 빈곤의 모더니즘 영화이다. 검열관들이 견딜 수 없었던 것은 '어두운 내용'이 아니라 빈곤이었을 것이다. "정말이에요, 내가 죽였단 말이에요." "이거 미쳤구만." "미친 건 당신이야." "뭐야, 이놈아, 내가 지연이를 홀아비로 어떻게 키운 자식이라구, 너 같이 돈 없는 건달에게 줄 것 같아, 임마, 니 놈이 그런다고 내가 넘어갈 것 같아, 임마, 나가, 나가란 말야." 지연의 아버지는 허욱을 자신의 집 계단에서 밀어 버리고 문을 닫는다.

허욱은 어디로 향하는가. 검은 원피스를 입은 여인과 포옹을 나누었던 공사장으로 다시 돌아왔다. 그런데 거기서 기다리고 있는 건 뜻밖에 친구 규제이다. 세 번째 방문에서 이어지는 701호 집 주인. 그 집에서 허욱은 돈을 훔친 다음 달아났다. 규제는 그걸 알고 오늘 휴일 하루에 무얼 할지 결심한다. "심심한

데 잘 됐다. 놈이나 찾으러 가자." 누군가는 아침 일찍 극장에 가서 조조 상영을 보러 온 여자와 처음 만나 방에 데려와서 포옹을 나누고(첫 번째 방문), 누군가는 아침부터 술집에 앉아서 외상술을 마시고(두 번째 방문), 누군가는 하루 종일 임신한 애인의 아이를 중절수술할 돈을 구하기 위해 돌아다니고(그들을 방문하는 허욱), 누군가는 저녁이 되자 살롱에 앉아 혼자 위스키를 마시고(네 번째 만난 검은 원피스를 입은 여인), 그리고 누군가는 돈을 도둑질한 친구를 잡으러 다니면서 일요일을 보낸다. 여기서 불러일으키는 이상한 효과는 친구 규제가 결국 허욱을 찾아냈다는 것이 아니라, 무언가 순서가 마치 서로를 연상하는 것처럼 연결 고리를 만들고 있다는 점이다. 친구 규제가 공사장에 나타나 허욱을 때릴 때 이 장면은 지연의 아버지가 허욱을 때리는 장면의 다음 장면처럼 보이지만, 그리고 다음 신이기도 하지만, 동시에 공사장에 검은 원피스를 입은 여인이 사라지고 마치 그녀를 대신하는 것처럼 그 자리에서 나타났을 때 병원에 다녀오느라 잠시 멈춘 포옹을 다시 계속하려는 허욱의 환상에 대한 지속을 중단시키고 죄의식을 일깨우는 것처럼 보이기도 한다. 하지만 그게 전부일까. 여기서 나타나는 과잉의 표현, 하여튼 무언가 초과해 버린 것만 같은 잉여의 심리적 경제학에 대해서는 뭐라고 불러야 할까. 가혹하지만 상황을 다시 설명하겠다. 허욱이 해결할 수 없는 문제는 지연의 배 안에서 자라고 있는 아이였고, (이 말이 역겹긴 하지만) 그래서 그 아이를 성공적으로 해결한 다음, 그러니까 다음 일요일, 지연과 다시 맞이해야 할 다음 휴일은 이제까지 하나의 순환처럼 되돌아오는 날이 더 이상은 아닐 것이다. 여기에는 지웠지만 지울 수 없는 고통스러운 불쾌가 치워 버릴 수 없는 잔여처럼 방해할 것이며, 그것은 허욱이 기대하는 쾌락을 망쳐 놓을 것이다. 그런데 결과는 지나치게 성공했다. 아이를 지우는 데 성공했을 뿐만 아니라 지연도 삭제시켰다. 이때 허욱은 성공으로부터 소외된다. 이것이 〈휴일〉의 깊은 밤, 끝나지 않을 것 같은 어둠 속에서 진행되는 심연이다. 그래서 허욱은 어둠 속에서 더 이상의 진행을 중단시켜 달라고 요구하듯이 지연의 아버지를 찾아가 매를 맞고, 그런 다음 검은 원피스를 입은 여인과 포옹하는 대신 친구 규제에게 제발 더 때려 달라고 부탁한다. 친구 규제는 몇 번이고 말한다. "정신을 차려, 정신을 차리라니까." 왜 허욱은 이 심연을 견디지 못하는가. 이 산책이 다시 한 번 이미 한 것을 시간의 텅 빈 형식 안에서 반복하는 것이라고 설명했다. 이때 이 산책의 목표는 심연의 공포를 감추기 위해서 차례로 펼쳐 나가면서 마치 자신을 덮어쓴 거적때기처럼 덮어쓰는 것이었다. 복잡한 줄 알았는데 텅 비어 있는 자리, 자리, 자리에서의 반복. 행위인 척하는 행위, 현재인 척하는 현재, 여기인 척하는 거기, 거기인 척하는 여기, 그러면서 아직 오지 않은 척하는 이미 지나간 시간, 그걸 미루기 위해서 알리바이로 지연을 불러내고 다시 불러냈다. 하지만 이제 지연이 세계로부터 사라졌다. 균형은 무너졌고, 그러므로 더 이상 떠넘길 자리도 없다. 지연이 삭제되면 다음은 무엇이 기다리고 있는가. 글자 그대로 남은 자리를 받아들여야 한다. 남은 자리는 어디인가? 모두로부터 배제된 자리. 모든 것이 정지하는 자리. 허욱이 죽음을 받아들여야 할 차례이다. 공집합의 기호 상태. 그걸 허욱도 알고 있다. 그래서 허욱은 규제에게 호소하듯이 말한다. "나를 더 때려, 나를 죽여, 나를 죽이라구."

허욱은 공사장을 떠나서 밤거리를 달려간다. 어딘가 갈 데가 있어서가 아니라 더 깊은 어둠 속에 숨기 위해서 달려가는 것이다. 그때 아직 희미하게 남아 있는 빛에 힘겹게 매달려 있는 그림자처럼 지나간 시간이 달라붙는다. 지연과 가졌던 즐거웠던 시간(flash back). 장면들과 아무런 상관없이 마치 지나가 버린 시간에 또 다른 지층이 있기라도 한 것처럼, 혹은 마치 유령이 속삭이는 것처럼(echo effect), 장면 바깥에서 남산에서 허욱이 왜 아무 말도 하지 않냐고 하자 지연이 했던 대답이 되풀이된다(voice over). 이미 세상에 없는 사람의 목소리. 금방이라도 울 것만 같은 목소리. "무슨 얘기부터 시작할까요." 남산에서 불던 추운 바람 소리도 따라왔다. 그뿐만이 아니다. 화면 바깥에서 흐르던 음악 소리도 마치 하나의 끈을 서로 이어 붙여

전차에 탄 허욱은 무언가 말하고 있지만 전차 소리에 묻혀 들리지 않는다.

놓은 것처럼, 그래서 떼어 놓을 수 없는 사운드트랙인 것처럼, 함께 들린다. 지연이 말을 했던 장소는 목소리만 남긴 채 사라졌고, 지연이 머물렀던 장소에서 목소리는 들리지 않는다. 장면의 시각 기호들과 목소리의 청각 기호들은 서로 분리되어 제멋대로 날뛰기 시작한다. 이것은 죽음이 가까이 다가오고 있음에 대한 두려움일까, 아니면 꺼져 가는 욕망의 부스러기들일까. 장면들 사이의 맥락도 없고, 조각난 단편들은 서로 연결되지도 않는다. 마치 이 몽타주는 죽음의 주마등phantasmagoria처럼 돌아간다.

문득 잠에서 깨어나듯 허욱이 전차에 타고 있다. 처음에는 여기까지 장면들이 모두 꿈이라고 생각했다. 하지만 허욱의 얼굴에는 친구 규제에게 맞은 상처가 선명하게 남아 있다. 전차 안내원이 몇 명 되지 않는 승객들에게 알린다. "다음은 원효로, 원효로 종점입니다. 금일 전차 운행은 이것으로 끝입니다. 내일 또 모시겠습니다. 잊으신 물건 없이 안녕히 돌아가십시오." 그런 다음 허욱에게 다가가 말한다. "손님, 내일 다시 만납시다." "여기가 어딥니까." "어디까지 가십니까?" "그냥 탔습니다." "종점입니다." 허욱은 혼잣말로 중얼거린다. "내려야겠군." 그런 다음 어둠이 내려앉은 길에 다시 나선다. 계속 걸어가면 어둠이 먹어 버릴 것만 같다. 사라지기 전에 허욱은 걸어가다가 돌아본다. 허욱의 마지막 대사. "서울, 남산, 전차, 술집

주인 아저씨, 하숙집 아주머니, 일요일, 그리고 모든 것, 난 다 사랑하고 있지. 내가 사랑하지 않는 건 하나도 없어. 이제 일요일은 기다릴 필요 없어. 커피값이 없어도 돼. 이제 곧 날이 밝겠지. 새벽이 오겠지. 거리로 나갈까. 사람들을 만날까. 커피를 마실까. 아니, 이발관에 가야지, 머리부터 깎아야지, 머리부터 깎아야지." 허욱의 유언.

주

1 이혜영 인터뷰(2006년 4월 7일), 조준형·정종화 진행, 한국영상자료원 엮음, 《이만희 감독 전작전, 영화천재 이만희》, 한국영상자료원(KOFA), 2006, 265쪽.

2 한국영상자료원 엮음, 《한국영화를 말한다: 한국영화의 르네상스 1》, 도서출판 이채, 2005, 133쪽.

3 한국영상자료원 엮음, 위의 책, 2006, 232쪽.

4 한국영상자료원 엮음, 위의 책, 2006, 159~160쪽.

5 허문영, 〈휴일〉, 한국영상자료원 엮음, 《한국영화 100선》, 한국영상자료원(KOFA), 2013, 103쪽.

6 이석기 인터뷰(2006년 4월 5일), 조준형·정종화 진행, 한국영상자료원 엮음, 위의 책, 2006, 233쪽.

참고문헌

한국영상자료원 엮음, 《이만희 감독 전작전: 영화천재 이만희》, 한국영상자료원
　　(KOFA), 2006.
한국영상자료원 엮음, 《한국영화 100선》, 한국영상자료원(KOFA), 2013.
Mun Gwan-gyu, (trans) Colin A. Mouat, *Lee Man-hee*, Korean Film Council, 2009.

휴일
A DAY OFF

감독 이만희 | **제작년도** 1968년 | **제작사** (주)대한연합영화사 | 흑백·시네마스코프 (2.35) | **상영시간** 78분

기획 전옥숙 | **각본** 백결 | **촬영** 이석기 | **조명** 윤창화 | **음악** 전정근 | **미술** 정수관 | **녹음** 손인호 | **편집** 현동춘 | **효과** 최형래 | **현상** 한양현상실 | **연출부** 김순식·서유적 | **촬영부** 강광희·한희창 | **제작부장** 윤재군 | **제작부** 채규종·전륭행

출연 - 허욱 신성일 | **지연** 전지연 | **억만** 김성옥 | **규제** 김순철 | **의사** 손전 | **(이하 배역명 없음)** 안은숙·김경란·김은옥·김기범·장인모·조향민·조향

상세 크레디트와 더 많은 영화 관련 정보는 QR코드를 참고해 주세요.

KOFA 영화비평총서 1

휴일
1968년 겨울,
남산에서 길을 잃고 서울을 떠돌면서

2024년 12월 31일   초판 1쇄 발행

지은이 | 정성일
펴낸이 | 노경인 · 김주영

펴낸곳 | 도서출판 앨피   출판등록 | 2004년 11월 23일
주소 | (01545) 경기도 고양시 덕양구 향동로 218(향동동, 현대테라타워DMC) B동 942호
전화 | 02-710-5526   팩스 | 0505-115-0525   블로그 | blog.naver.com/lpbook12
전자우편 | lpbook12@naver.com

ISBN 979-11-92647-56-2